Meine Diagnose

Morbus Crohn

Aufgeben war keine Option

Auflage 3./Oktober 2019

J.R Lucas Wolf

AF188249

Inhalt

Vorwort

Wenn meine Person heute darüber nachdenkt, so kann sie es selbst kaum glauben. Damit sind all diese schrecklichen Momente und Demütigungen gemeint, die sie erleiden und erleben musste.

Dazu verfügt sie nicht über die Kenntnis darüber, was ein Mensch alles erleiden und ertragen kann. Wie sollte sie auch, ist sie selbst so was, was man einen ‚Sportler‘ nennt. Und sieht deshalb, die Krankenhäuser nur von draußen.

Außerdem mag meine Person, den schlechten Geruch und die schlechte Luft, in Hospitälern nicht. Wenn sie mal jemanden, der im Krankenhaus liegt besucht, wird ihr dabei selbst sehr übel.

Deshalb hält sich mein Typ, wenn er kann, von Krankenhäusern fern. Überdies besucht er Ärzte nur, wenn er eine leichte Zerrung oder kleinere Kratzer hat. Sonst sehen ihn die Weißkittel nie. Zugleich ist mein Typ das was man, als gesunden Menschen bezeichnet.

Obendrein hat er sich bis hierhin noch nie ernsthaft Gedanken darüber gemacht, ob er einmal krank wird, oder nicht?

Das ändert sich im September 2002 schlagartig. Unsereins ist junge 37 Jahre alt und wie bereits erwähnt, ganz schön sportlich.

Dabei gibt es einige Sportarten, die wir im Laufe unseres Lebens betrieben haben, z. B. Fußball, Tennis, Tischtennis, Powerlifting und die Leichtathletik. Ansonsten noch Sprints, Hochsprung, Weitsprung und Kugelstoßen et cetera.

Zudem sind Sportler selten krank. Unserer Meinung nach liegt das daran, dass sich Sportler einfach viel mehr bewegen und auch, eine andere, meist gesündere Ernährung haben.

Zur gleichen Zeit ist die Ernährung für einen Sportler sehr wichtig, weil dieser sehr viel Energie verbraucht, und dementsprechend viel Energie auch wieder, zu sich führen muss.

Eigentlich darf ein Sportler gar nicht chronisch krank werden, aber genau das ist mir passiert. Unsereins denkt sich, hier kamen einfach zu viele Faktoren zusammen, die dafür sorgten, dass es uns doch noch erwischte.

Unsereins arbeitet in einem Kraftwerk und unsere (die) Firma muss Personal abbauen. Gleichzeitig entsteht beim Abbau von Personal immer Stress, sowie bei denjenigen, die später eingespart werden sollen.

Leider gehört meine eigene Person auch dazu, obwohl sie lange dafür gekämpft hat, nicht dazuzugehören.
Auch werden die Verantwortlichen ihrer eigentlichen Verantwortung nicht gerecht.

Des Weiteren ist es ein großer Schock für mein Ego und der soll auch noch lange anhalten. Mein Ego benötigt viel Hilfe um diese Situation überhaupt meistern zu können. Bekommt unter anderem Hilfe bei seiner Ärztin (S, Internistin) sie hat ihm öfter prophezeit, dass er irgendwann einmal schwer erkranken wird.

Im gleichen Moment möchte sie meine eigene Person nur beschützen und sieht genau, wie viel Stress sie doch, mit ihrer Firma hat.
Zur selben Zeit kennt ihr Medikus (S) auch sehr gut,

ihre eigene Lebenssituation, schließlich kommt einiges zusammen.

Wenn man seinen Arbeitsplatz verliert, ist das bereits schlimm genug, aber das daraus resultierende Problem erzeugt, ein Vielfaches an Stress.

Diese um nur einige zu nennen: Kontrollverlust, Zukunftsängste, Nervosität, Verlust des Selbstvertrauens, Schlaflosigkeit, Albträume und finanzielle Probleme.

Ferner hat meine Familie und mein Ego das ein oder andere Problem miteinander, dazu ist meine eigene Person kein einfacher Zeitgenosse.

Obendrein befindet sich Unsereiner in einer Partnerschaft und unsere Verlobte (K) dreht fast durch, als sie von der Kündigung erfährt. Später nach einigen Gesprächen mit ihr sie sich, aber wieder etwas beruhigt.

Darüber hinaus ist bekannt, dass unser Organismus nur bis zu einem gewissen Level, Stress verträgt und anschließend sich, ein Ventil sucht. Bei mir ist das der Darm. Bevor aber der Körper nach einem Ventil sucht, sendet dieser Signale aus.

Ganz ehrlich gesagt ignorierte Unsereiner diese Signale. Obwohl unser Doktor (S) uns das ein oder andere mal, daraufhin weist.

Er (S) gibt meiner Gestalt außerdem noch, ein Präparat zur Beruhigung. Hierbei handelt es sich um die Passionsblume-Dragees (Passiflora).

Diese Dragees können die Ängste lösen, das Einschlafen erleichtern und sogar ein wenig beruhigen. Natürlich wird man dadurch nicht richtig ruhig, aber man sieht alles etwas gelassener.

Was mein Wesen betrifft, möchte er, das nicht glauben und stellt deshalb alles, einfach mal infrage! Wobei sein Medikus (S) besser die Situation überblickt, als die Kreatur (Ego).

Einleitung/Kapitel 1.

Meine Krankheitsgeschichte fängt im September im Jahre 2002 an. Der Sommer hat sich in einem Ort in (NRW), fast schon verabschiedet. Und die Sonne kommt nur noch selten heraus.
Dabei sind die Temperaturen deutlich gesunken, nachts merkt man das besonders deutlich.

Zur selben Zeit geht es meiner Person ihrem Empfinden nach gut. Leider ist das, wie sich später herausstellt, doch ganz anders. Zur gleichen Zeit geht meine Person regelmäßig arbeiten und ist sogar in einem Kraftwerk beschäftigt, wo sie ihre Arbeit in drei Schichten ausübt.

Zudem ist die Arbeit sehr interessant und auch sehr vielseitig. Allerdings hat man eine Menge Verantwortung zu tragen gegenüber den Menschen und Maschinen dort.
Ansonsten darf sich mein Typ keine größeren Fehler erlauben da, das gleich in einer kleinen Katastrophe

enden kann. Erwähnung finden soll auch, dass der Job dementsprechend entlohnt wird. Überdies noch erwähnenswert, dass sich die Firma in einem Vorort von meiner Stadt in (NRW) befindet und deshalb es für meinen Typ kein Problem darstellt dort, die Stelle auch anzunehmen.

Ferner, die Firma nicht weit von unserer Wohnung entfernt ist und mir das ermöglicht, manchmal mit meinem Roller dort hinzufahren.

Im gleichen Moment, aber dafür nicht weniger aktuell, in der Firma drastisch Personal abgebaut wird. Auf einmal sollen die Maschinen die Menschen ersetzen. Die Automation bringt dort für viele Mitarbeiter nicht nur gutes.

Zur Zeit befindet sich die Firma in einem Umbruch und so wird im großen Stil Personal abgebaut. Den Stress den Unsereins dabei empfindet, würde er lieber ganz vermeiden.

Gleichzeitig lebt er mit seiner Geliebten (K), in einer eheähnlichen Beziehung. Im Übrigen erlitt seine Lebenspartnerin (K) vor einigen Jahren, einenNervenzusammenbruch. Doch gerade jetzt ist sie

(K) wieder sehr stabil. Für uns (beide) ist es eine sehr harte Zeit, wo wir sehr viel durchmachen und leiden. Dazu unternimmt meine eigene Person vieles um sie (K) wieder ins ‚normale' Leben, zurückzuholen. Eine spezielle ‚Tiertherapie' ist am Ende nötig damit, dies auch gelingt.

Wir haben gerade eine schwere Zeit hinter uns gebracht, als meine eigene Person eines Tages, dazu noch ganz unerwartet, bei einem ganz ‚normalen' Toilettengang (Stuhlgang). Ungefähr 1,0 Liter Blut verliert. Im Übrigen sieht das nach wesentlich mehr aus, aber das ist wohl immer so.

Ab diesen Zeitpunkt befinden wir uns wieder im sogenannten ‚Krisenmodus.' „Was tun?"

Ich habe noch nie zuvor in meinem Leben, so viel Blut verloren. Zugleich bei einem Toilettengang (Stuhlgang).

Meine Lebensgefährtin (K) bekommt gleich darauf, nachdem sie es von mir erfährt, eine kleine Krise. Kurz darauf wird eine kleine Tasche gepackt und telefonisch ein Krankenwagen bestellt. Nach einer kurzen Absprache mit meiner Partnerin, entscheiden wir uns für ein ‚kleines' Krankenhaus, dass in einem Vorort in (NRW) liegt. Nur wenig später ein Krankenwagen und ein Notarzt eintreffen. Nach kurzer Beschreibung meiner Beschwerden entscheidet der Notarzt sofort, die Fahrt in ein Hospital.

Nur wenige Augenblicke später wird mein Ego auch schon, von den Rettungssanitätern ins Krankenhaus gefahren, die ihn gleich an eine Infusion anschließen.

Auch liegt das Klinikum nicht weit von dem Ort entfernt, wo meine Eltern leben. Das ist auch mit ein Grund warum wir uns, für dieses Hospital entscheiden.

Aus heutiger Sicht ist das wohl die richtige Entscheidung. Doch in die Zukunft übertragen stellt sich später heraus, dass es eher die falsche Entscheidung ist.

Das Klinikum ist mir gut bekannt da, eine meiner Schwestern (G) dort arbeitet. Meine Schwester ist eine gelernte Krankenschwester und das kann sicher noch, sehr hilfreich für mich sein. Am Tag der Einlieferung hat sie allerdings, keine Schicht.
Unsereins hat bis heute mit Krankenhäuser nicht viel zu tun gehabt, auch macht Unsereins eher einen, großen Bogen um Hospitäler. Nur wenn mein

Charakter seine Schwester besucht, betritt er mal ein Hospital.

Der erste Tag im Krankenhaus erlebt meine Persönlichkeit, wie in einem schlechten Traum, alles ist surreal. Obendrein, kann meine Persönlichkeit nicht verstehen, was gerade passiert ist.

„Ist das Ganze schon vorbei?", „oder fängt es gerade an?"

Inzwischen liegt mein Charakter in der Notaufnahme, auf einem kalten Tisch und es fällt ihm gerade auf, wie schwach er sich fühlt. Der Blutverlust und diese ganze Aufregung die man erlebt, wenn man mit Blaulicht ins Krankenhaus gefahren wird.

Obwohl, die Ärzte und Krankenpflegerinnen sehr nett zu mir sind, mag mein Subjekt trotzdem nicht, diesen komischen Geruch im Raum.
Darüber hinaus ist die Luft so kalt und ohne jeden Sauerstoff.

„Wie kann man nur in so einem Raum arbeiten?", denk sich mein Subjekt! Überall nur Instrumente, Kanülen, Infusionsständer und Kompressen. Ein sehr steriler Raum, wo man das Adrenalin der Patienten, förmlich riechen kann.

Des Weiteren ist mein Körper sehr gestresst, auch hat er Schweißausbrüche, verbunden mit einer großen Unruhe. Die Unwissenheit darüber was passiert ist und wie man das Problem lösen kann.

Zeitgleich startet meine Auserwählte (K) einen ersten Versuch, mich zu beruhigen. Unsereiner liegt doch bereits in der Klinik und hier wird man uns bestimmt auch helfen können.

Die Zeit vergeht und wir haben so viele Fragen. Nach unserem (Ego) empfinden nach, verbringen wir geschätzte vier Stunden, in der Notaufnahme.
Unsereiner erhält während dieser Zeit, eine Infusion mit einer Kochsalzlösung, eine Ultraschalluntersuchung und eine Blutabnahme.
Bis langsam die ersten Ergebnisse der Blutproben und Untersuchungen, ein erstes Bild zeichnen.

Irgendwann sagt ein Arzt zu mir: „Sie müssen Stationär aufgenommen werden, da weitere Untersuchungen notwendig sind."

Offensichtlich ist das Problem noch nicht vollständig erkannt worden! Natürlich hat man mich bei der Einlieferung befragt, bezüglich bekannter

Erkrankungen und Allergien.

Mein Individuum ist, das was man als einen ‚Sportler‘ bezeichnet und hat bisher noch nie größere Probleme, mit seinem Körper gehabt. Allerdings ist der Stress für ihn in den letzten Jahren, erheblich angestiegen.

Nach einer kurzen Diskussion mit dem diensthabenden Arzt und meiner Herzensdame, beschließen wir den Aufenthalt in diesem Krankenhaus, auf eine unbestimmte Zeit, zu verlängern.

Laut dem behandelnden Medikus, sind Ruhe und eine gewisse Gelassenheit, ganz von Vorteil. Weißkittel (Ärzte) verschreiben einem immer gleich eine gewisse Ruhe, wenn sie sehen, dass es einem nicht gut geht.

Meine Person nimmt sich fest vor, eben nicht lange in diesem Klinikum zu bleiben. Meine Person überblickt in dieser Situation, ihre Lage nicht richtig und geht sehr naiv, die Sache an.
„Blut im Stuhl, was soll das denn für eine Erkrankung sein?“

Die und noch andere Fragen die sich Unsereins, so stellt. Unsereins möchte nur wissen, woher so etwas kommt, aber dabei bekommt er immer nur ausweichende Erklärungen.

Wir sind wohl noch nicht an dem Punkt angelangt, an dem man eine klare Diagnose erhält.

Dazu schmeißt der behandelnde Arzt, mit Fremdwörter nur so um sich und dabei sind, so viele Fragen noch offen.

Meine eigene Person hat keine Ahnung davon, was der Arzt so von sich gibt, wie sollte sie auch. Das liegt unter anderem daran, dass meine eigene Person, einen technischen Beruf erlernt hat.

Etwas später als mein Typ endlich, nach einigen Untersuchungen auf sein Zimmer kommt, er nur noch seine Ruhe möchte. Das ist zwar gut zu verstehen, aber in einem Patientenzimmer liegt man selten allein. In meinem Zimmer liegen bereits zwei weitere Patienten, die ähnliche Darmbeschwerden haben, wie ich.

Zudem ist es ein recht kleines Zimmer, mit Fenstern, einem Tisch, Stühle und einigen kleinen Schränken.

Was mir aber sofort auffällt, es hat keine eigene Toilette im Zimmer. Die Toilette befindet sich auf der gegenüberliegenden Seite des Flures, außerhalb des Zimmers. Das ist für mich erst einmal nicht akzeptabel und gleichzeitig auch ein Grund dafür, mich mal ganz laut bemerkbar zu machen.

Nach einer kurzen Diskussion mit einer der Arzthelferinnen, muss mein Wesen aber feststellen, dass es nicht anders geht. Dabei hat mir die Schwester einen sogenannte ‚Toilettenstuhl‘ versprochen, aber die sind gegenwärtig alle noch in Gebrauch.

Am heutigen Tag kommen noch einige Pflegepersonen zu mir, sie bringen mir Getränke und einige Fragebögen.

Was mich selbst betrifft, hab ich schon genug für einen Tag erlebt und deshalb verabschiede ich mich auch, von meiner Geliebten. Die gleich danach nach Hause fährt. Auch fühlt sich meine Partnerin mit dieser neuen Situation, total überfordert. Versucht sich aber trotzdem, nichts anmerken zu lassen.

Anschließend beschließt mein Ego sich, Nacht fertigzumachen, und hiernach ins Bett zu legen.
Mein Ego denkt noch: „Man legt sich einfach ins Bett und alles wird wieder gut!"
Kaum hat man sich ins Bett hineingelegt, kommt bereits die nächste Krankenschwester, und fragt: „Was können Sie alles essen?", „und was vertragen Sie nicht?"

Das sind bestimmt alles sehr wichtige Fragen, aber so richtig Lust darauf, haben wir (Ego) nicht.

Überdies war das für mich ein recht langer Tag und der ganze Stress, hat mich etwas müde gemacht.
Die Schwester, aber will unbedingt diese Informationen von mir, die sie letztendlich auch bekommt.

Ferner ist bis in die Zukunft hinein nicht bekannt, wer oder was immer gestört hat, aber die Nacht verläuft sehr unruhig. Ansonsten kommt mein Bewusstsein, kaum zum Schlafen. Mein Bewusstsein hat zwar in dieser Nacht keinen weiteren Blutverlust mehr, das liegt aber daran, dass er nichts mehr zu essen bekommt. Komischerweise hat er weder Bauchschmerzen noch andere Schmerzen.

Wer einmal eine Nacht in einem Krankenhaus verbracht hat, der weißt, wie oft man dort geweckt, oder beim Schlafen gestört wird. Durchschlafen ist garantiert nie drin.

Am Tag danach ist bereits früh morgens, um 07.00 Uhr, viel los. Die Schwestern reißen die Zimmertür auf und begrüßen uns mit einem, ‚Guten Morgen.'

Kurz darauf fangen sie mit dem Fragen an: „Wie haben Sie die Nacht verbracht?", „und haben Sie gut geschlafen?"

Gleich danach wird der Blutdruck und das Fieber gemessen. Anschließend werden die ersten Medikamente und einige Röhrchen für, die Stuhlproben verteilt.
Nur wenig später nachdem alle Fragen beantwortet und alle Medikamente ausgeteilt sind, verlassen die Schwestern wieder das Zimmer. Ganz nebenbei mir eine der Pflegerinnen noch mitteilt, dass ich nichts mehr essen soll. Es wird später noch eine Untersuchung für mich geben.

Nach einem kurzen Austausch, mit den anderen Patienten, begibt sich Unsereiner, in den Flur. Unsereiner möchte eigentlich nur auf die Toilette, als er feststellen muss, dass er mit vielen anderen Patienten, das gleiche Schicksal teilt.

„Nur zwei Toiletten für so viele Patienten", denkt er sich?

Bekannt ist, die Toiletten für Frauen links und die für Männer rechts!

Doch nach einiger Zeit kommt Unsereiner dran, es ist da, aber bereits höchste Zeit.

„Am frühen Morgen und schon Schlange stehen", denkt er sich? Das ist kein guter Zustand.

Vom Toilettengang zurück, fragt mein Charakter gleich, als erstes Mal seine Mitpatienten (Mitbewohner), ob dies normal ist.

„Nur zwei Toiletten für all diese Patienten?"

„Ja, sagen darauf beide einstimmig, das ist jeden Morgen dasselbe Chaos."

Das ist der erste Moment der mein Charakter etwas schockiert. Hab gleich so ein komisches Gefühl im Bauch gehabt und etwas sagt mir, das ist nicht normal!

Inzwischen ist es bereits 08:00 Uhr, da wird das Frühstück ausgeteilt, wobei meine Partie leer ausgeht. Meine Partie darf wegen der bevorstehenden Untersuchung, nichts mehr essen.

Stattdessen bekommt meine Persönlichkeit ein Medikament zum Abführen und einen Toilettenstuhl.

Zur gleichen Zeit verfehlt das Medikament seine Wirkung nicht, sie muss häufig auf den Toilettenstuhl.

Genau genommen kommen wir (Ego) kaum noch von

diesem runter. Obendrein schlaucht es sehr und irgendwann sind wir so leer, dass nichts mehr rauskommt.

Auf einmal am Nachmittag, meine Persönlichkeit hat den ganzen Tag über abgeführt, eine der Krankenpflegerinnen unser Zimmer betritt. Sie kommt zu mir ans Bett und legt mir ein sogenanntes ‚Engelshemd,‘ und eine Hose mit einem ‚Loch‘ hinten drin, hin.

Pflegerin fragt mich noch: „Sind Sie mit dem Abführen schon fertig?"
Mein Individuum antwortet: „Ja".

Mein Individuum hat bereits am Abend die Einwilligung unterschrieben und dazu eine Aufklärung erhalten. Nun ist es so weit die Darmspiegelung (Koloskopie) steht an.
Meine Person hat noch nie zuvor eine Darmspiegelung (Koloskopie) bekommen und dementsprechend groß, ist auch ihre Aufregung.

Nur wenige Augenblicke später nachdem sich meine Person das ‚Engelshemd,‘ und die Hose mit dem ‚Loch‘ angezogen hat, wird sie mit einem Rollstuhl, zur

Untersuchung gefahren. Gleichzeitig liegt der Untersuchungsraum nicht weit von unserem Zimmer entfernt und so kommt es, dass wir nach nur wenigen Minuten am Untersuchungsraum ankommen.

Hier stehen bereits der Chefarzt persönlich und ein Pfleger und warten früher als gedacht, auf uns. Gleich nach einer Begrüßung und einer kurzen Aufklärung geht es sofort los. Mein Typ legt sich auf einen kalten Tisch hin wo er, teilweise zugedeckt wird. Gegenüber von ihm befindet sich ein Monitor auf dem man während der Untersuchung, alles mitansehen kann.

Mein Typ hat zwar nach einer Narkose gefragt, der Chefarzt aber versichert ihm, dass es keine Schmerzen geben wird. Sofort wird ihm (Ego), dazu ganz langsam, ein Schlauch mit einer Kamera darauf, in den After geschoben. Bereits jetzt lässt sich alles auf dem Monitor verfolgen.
Ganz nebenbei füllt sich mein Bauch langsam mit Luft, als meine Dramenfigur schon nach wenigen Minuten, Schmerzen bekommt und sie, das dem Chefarzt mitteilt.

„Meine Dramenfigur kann nicht mehr, der Schmerz ist nicht auszuhalten."

Der Chefarzt möchte zuerst noch weitermachen sieht, aber wie Schmerzhaft das für uns ist, und hört sofort mit der Untersuchung auf. Zugleich Unsereins über ein Gefühl im Bauch verfügt, als wenn er Steine gegessen hat.

Nur wenige Augenblicke später, zieht der Chefarzt langsam den Schlauch heraus und teilt uns mit: „Ihr Darm ist sehr entzündet."
Währenddessen versucht der Pfleger uns (Ego) etwas zu beruhigen.

Anschließend wird man selbst wieder in sein Zimmer gebracht (gefahren).

Im Zimmer angekommen will der Schmerz einfach nicht abklingen. Da beschließt mein Ego, bei einer Pflegepersonen, um ein Schmerzmittel zu fragen.

Bald darauf bringt mir eine Schwester etwas gegen, diesen unangenehmen Schmerz. Es heißt wohl Novalgin und wirkt dabei recht schnell, außerdem ist es schmerzstillend, und fiebersenkend zugleich.

Mein Ego hat eine Menge Luft im Bauch und dazu sind diese Schmerzen sehr unangenehm. Da wir (Ego) bei der Untersuchung ein wenig Blut verloren haben und zudem unsere Hose völlig schmutzig geworden ist. Haben wir jetzt das Verlangen uns etwas zu waschen. Im gleichen Moment brauchen wir aber auch ganz neue Klamotten.

Nach einer halben Stunde ist Unsereiner fast wieder schmerzfrei und so macht er sich auf dem Weg, zum Waschraum. Dafür muss man als Patient nur kurz über den Flur gehen und schon ist man da. Unglücklicherweise muss man sich auch hier wieder anstellen, man ist ja nicht der einzige Patient im Klinikum.

Unsereiner hat heute Glück, der Flur ist leer und der Waschraum auch. Wobei es sich um einen großen Raum handelt, mit vielen großen Fenstern, einer Dusche und sogar, einer großen Badewanne. Im Waschraum ist es aber sehr warm und, die Luftfeuchtigkeit ist dazu, noch sehr hoch. Darüber hinaus gibt es viel Platz und niemand stört einen. Ein großer und sehr sauberer Raum, das gefällt uns sehr.

Nachdem sich mein Subjekt endlich gewaschen und sich die neuen Sachen angezogen hat, beschließt er seine Herzdame (K) anzurufen. Sie macht sich sicher bereits große Sorgen.

Im Klinikum gibt es im Erdgeschoss einige Münztelefone, deshalb hat sich mein Subjekt auch von zu Hause, ein wenig Kleingeld mitgenommen. Um bei Bedarf ein wenig telefonieren zu können. Mein Charakter geht also die Treppen hinunter, um zu telefonieren. Kommt unter anderem an Aufzügen vorbei und an einer schönen Cafeteria. Gleich danach, kurz vor der Notaufnahme, befinden sich die Münztelefone.

Was mich betrifft, habe ich am heutigen Tag etwas Glück, auch hier wartet, eine freie Telefonkabine auf mich. Nur wenig später wird meine Lebensgefährtin angerufen und ihr erzählt, was alles den Tag über geschehen ist. Zeitgleich ist es kein besonders langes Gespräch, aber doch ein sehr ernstes. Meine Lebenspartnerin macht sich mächtig Sorgen um ihren Schatz, aber als sie (K) erfährt, dass es ihren Schatz einigermaßen geht, beruhigt sie sich wieder etwas.

Nur einen Wimpernschlag später meine Persönlichkeit alles losgeworden ist, was sie an Informationen vorrätig hat, verabschiedet sich kurz von ihrer Geliebten, und legt auf. Anschließend geht meine Persönlichkeit wieder rauf auf ihr Zimmer. Da ist es bereits Essenszeit.

Außerdem, haben ihr die Krankenschwestern, das Essen schon bereitgestellt. Doch als mein Charakter aber das Zimmer betritt, wartet auf ihn bereits ein Tablett mit Essen darauf auf seinem Tisch.

Obwohl es sich dabei nicht einmal um eine besonders große Portion handelt, man trotzdem aber sehr dankbar dafür ist, überhaupt wieder etwas essen zu dürfen. Indes das heutige Menü aus einer leichten Kost besteht, Kartoffeln und Gemüse mit ein wenig Sauce darauf. Und es gibt noch ein Getränk was man sich, aber aussuchen darf.

Man kann von dieser Portion nicht wirklich satt werden, aber es ist dennoch besser, als gar nichts. Meine Kreatur muss ganz langsam wieder mit dem Essen anfangen, also ist das so in Ordnung.
„Hauptsache keine Blutungen", denkt sie sich!

Was meine Gestalt betrifft, kann nur gesagt werden, dass sie sich nach dem Essen, erst einmal etwas ausruhte. Kein Mensch kann genau sagen wie lange oder wie tief wir schliefen, aber erholsam war es.

Den lieben langen Tag machen wir ab sofort nichts anderes mehr, außer ausruhen und schlafen. Zudem ist es uns quasi vom Medikus verordnet worden, also kann das nicht verkehrt sein!

Vierzehn Tage lang hat mein Wesen in diesem Hospital, nichts anderes mehr gemacht. Zeitgleich gibt es keine weiteren Untersuchungen mehr. Essen, trinken, waschen, schlafen und wieder von vorne.

Mein Wesen hat zwar wieder einen gewissen Tagesablauf der, aber nicht mein ‚normaler' Tagesablauf ist.

Heute, am Tag meiner Entlassung, sind ganze 14 Tage vergangen. Dazu hat sich mein Zustand etwas stabilisiert und die Komplikationen sind ausgeblieben.

Des Weiteren ist ja, bei meinem letzten Gespräch mit der Stationsärztin, dieser Entlassungstermin genauso ausgemacht worden. Sofort wird mir die nötige Medikation und das weitere Vorgehen mitgeteilt. Obendrein gibt es vonseiten der Stationsärztin noch eine Empfehlung für mich. Meine Gestalt soll doch bitte eine Selbsthilfegruppe aufsuchen, das soll (wird) ihr bestimmt helfen.
„Meine Gestalt hat noch nie davon gehört, also wie soll sie darauf reagieren?", „sie weißt auch nicht, was das soll!"

Zusätzlich denkt sich mein Individuum: „Wir haben doch keine psychischen Probleme?"

Am letzten Tag werden mir außerdem noch für meinen Hausarzt, ein Entlassungsbrief und für den Arbeitgeber eine Arbeitsunfähigkeitsbescheinigung (AU), mitgegeben.

Mein Individuum verabschiedet sich noch von seinen Mit-Patienten und begibt sich gleich danach ins Erdgeschoss wo, sich die Information befindet. Dort an der Information bekommt er schließlich eine Rechnung ausgehändigt, auf der, der Gesamtbetrag der Zuzahlung drauf steht.

Da das alles noch neu für uns (Ego) ist, nehmen wir einfach den Zettel mit der Rechnung mit und begeben uns danach, Richtung Ausgang.

Kapitel 2.

Am Ausgang angekommen stehen ein paar Taxen herum, also wird gleich eines dieser Taxen gerufen.

Sofort als mein Taxi neben mir steht, öffne ich den Kofferraum, und lege in diesem hinein, meine Tasche.

Anschließend öffne ich die Beifahrertüre und setze mich auf den Beifahrersitz, gleich neben den Taxifahrer.

Dieser begrüßt mich sofort mit einem ‚Guten Morgen,‘ und fragt mich: „Wohin müssen Sie?“

Ich antworte: „Straße X Y mit der Nr.00.“

Darauf nickt er mit seinem Kopf und schon geht, die Fahrt vom Krankenhaus nach Hause los.

Da es aber nicht allzu weit ist, ist mein Lebewesen nach ungefähr zwanzig Minuten, wieder zu Hause.

Dabei sind wir gut durch den Straßenverkehr gekommen und haben nur wenig Mühe unser Ziel, leicht zu erreichen. Sofort als das Taxi steht bezahlt mein Lebewesen den Taxifahrer.

Danach steigt er aus, nimmt seine Tasche aus dem

Kofferraum und bewegt sich in Richtung seiner Wohnung. Mein Bewusstsein öffnet vorsichtig seine Eingangstüre, geht hinein und stellt dabei seine Tasche auf dem Fußboden ab. Das ganze spielt sich sehr vorsichtig ab, denn sonst büxt wahrscheinlich mein Kater Kenny doch noch aus.

Ansonsten ist Kenny ein sehr frecher und neugieriger Kater, wie Kater halt so sind. Und folgende Beschreibung passt auf Kenny: Er ist ein großer Kater, schwarz, grau und weiß Farben. Auch hat er ein schönes und langes Fell. Außerdem ist er ein sehr stolzer Kater, Tricolor (Dreifarben).

Anschließend begrüßt mein Element ganz herzlich, seinen Kater und lässt ihn an sich schnuppern.
Kenny (Kater) hat gleich bemerkt, um welche Person es sich handelt. Wir haben uns ganze zwei Wochen nicht gesehen und dementsprechend herzlich fällt unsere Begrüßung aus. Zeitgleich ist es toll endlich wieder zu Hause zu sein.

Ein wenig später packt mein Element seine Wäsche aus und bereitet schnell eine Waschladung vor. Überdies bringt meine Partie Wäsche für 14 Tage mit, die gewaschen und gebügelt werden muss.

Nachdem meine Partie damit fertig ist, zieht sie sich um und legt sich anschließend ins Bett. Jetzt möchte man einfach nur noch seine Ruhe haben und so bekommt man sie auch.

Kater Kenny spürt sofort, dass es uns (Ego) nicht gut geht, also legt er sich, zu uns ins Bett. Auch schnuppert er immer wieder an uns herum, wahrscheinlich wegen des Geruchs vom Krankenhaus, was ihn womöglich irritiert.
Schließlich haben Hospitäler einen eigenen komischen und sehr sterilen Geruch.
Mein Kater Kenny mag diesen Geruch, schlichtweg nicht.

Morgens ist meine Lebensgefährtin (K) aber noch arbeiten, deshalb kann sich auch mein Ego ganz in Ruhe, ins Bett legen.

Meine Partnerin arbeitet in einem großen Möbelhaus und ist außerdem, als Kaufmännische Angestellte beschäftigt und das schon seit einigen Jahren.

Ferner muss sie (K) jeden Morgen sehr früh aufstehen, weil sie auf Straßenbahn und Zug angewiesen ist. Das erwähnte Möbelhaus, ist ungefähr 20 Kilometer von unserem zu Hause entfernt. Also fährt sie täglich mit dem Zug und der Bahn dorthin. Zur gleichen Zeit hat sie sich im Möbelhaus in nur wenigen Monaten hochgearbeitet und ihre Vorgesetzte halten sehr viel von ihr.

Selbst hat man eine sehr kluge Frau (Partnerin) an seiner Seite und das ist heute viel wert.

Am nächsten Tag schlafen wir sehr lange und nach dem Schlafen duschen wir. Mein Ego möchte sich für seine Herzensdame nett machen. Schließlich weißt er doch mit welchen Sorgen sich seine Auserwählte herumschlägt.

Etwas später, als die Zeit dafür gekommen ist und meine Person diesen wunderschönen Klang eine Türe zu öffnen hört. Springt mein Kater Kenny gleich Richtung Eingangstüre. Meine Auserwählte muss sich regelrecht einschleichen damit Kater Kenny nicht rausläuft. Dabei hat Kenny es bereits mehrfach versucht und auch geschafft.

Meine Partnerin schließt die Eingangstüre hinter sich zu begrüßt den Kater und wenige Augenblicke später ganz herzlich auch mich. Hierbei muss überhaupt nicht erwähnt werden, dass sich das immer in dieser

Reihenfolge abspielt. Erst Kenny (Katze) und danach kommt meine Person.

Mein Typ nimmt seine Geliebte ganz lange in den Arm und zeigt ihr hiermit, wie sehr er sie vermisst hat.

Nach ein paar Minuten des Knutschens und Knuddelns bereiten wir gemeinsam das Abendbrot vor. Währenddessen erzählt mein Typ ihr alles, was er im Klinikum erlebt und gemacht hat.

Später beim Essen sprechen wir über das Thema der Selbsthilfegruppe und was es damit auf sich hat. Meine Geliebte hat schon einmal davon gehört, Unsereiner, aber noch nicht.

An diesen Tag unterhalten wir uns noch lange, dazu genießt Unsereiner ihre Anwesenheit. Im gleichen Moment ist es schön jemanden, wie sie (K) bei sich zu wissen.

Obwohl, sie einen sehr anstrengenden Tag hinter sich hat nimmt sie sich viel Zeit für mich. Meine Partnerin möchte natürlich, dass sich mein Gesundheitszustand schnell bessert. Wir sprechen sehr lange bis tief in die Nacht über meine Erfahrungen bei diesem Krankenhausaufenthalt. Danach fallen wir aber in einen gesunden und sehr tiefen Schlaf.

Am nächsten Morgen steht einiges auf dem Terminkalender und dementsprechend früh stehen wir beide auf. Meine Lebensgefährtin fährt früh zur Arbeit und Unsereiner hat einen Termin bei seiner Hausärztin (S, Internisten). Schließlich steht die Nahversorgung an und es müssen noch einige Rezepte abgeholt werden.

Meine Persönlichkeit spricht mit ihrer Ärztin (S) über ihren Krankenhausaufenthalt und der Schwierigkeiten mit diesem Hospital. Gleichzeitig bezieht sich das unter anderem auf das Anstehen im Flur und der schlechten Versorgung mit Toiletten.

Nach einer viertel Stunde ist aber alles geklärt und danach werden die nötigen (ihre) Medikamente besorgt.

Meine Persönlichkeit hat Salofalk 500 mg und Novalgin Tropfen verschrieben bekommen. Dazu sind uns weder das Salofalk noch das Novalgin bekannt. Das Salofalk bekommt Unsereins gegen seine Entzündungen und das Novalgin gegen eventuelle Schmerzen.
Unsereins wird außerdem noch eine 14-tägige Bettruhe verschrieben.

Zudem soll meine eigene Person noch auf ihre Ernährung achten.

Ungefähr nach einer Stunde ist meine eigene Person, aber wieder zu Hause. Sofort werden die Tabletten (Salofalk) genommen und zügig mit etwas Wasser eingeworfen. Angeblich soll die Entzündung damit wieder zurückgehen!

Ob man es glaubt oder nicht nach genau 14 Tagen hat mein Subjekt wieder einmal ein sogenanntes ,Aha-Erlebnis.'

Am letzten Tag seiner Arbeitsunfähig im Laufe des Nachmittags er zur Toilette geht. Nach dem Stuhlgang er (Ego) feststellen muss, dass er zum wiederholtem Mal ungefähr 1 Liter Blut verloren hat.

Plötzlich treten blutige Durchfälle auf und mein Individuum kann einfach den Stuhl nicht mehr halten. Überdies überkommt ihn eine körperliche Schwäche.

Kapitel 3.

Viel später, es ist bereits Abends, als meine Lebensgefährtin (K) nach Hause kommt. Kurz darauf erzählt meine Person ihr, was geschehen ist.
Sofort befinden wir uns im ‚Krisenmodus.' Wir tauschen uns aus und beschließen nicht wieder ins ‚kleine' Krankenhaus zu fahren. Dieses Mal versuchen wir es im ‚großen' Krankenhaus.

Man muss dabei wissen, dass es bei uns in der Stadt ein ‚großes' Klinikum gibt und dort man eine ‚bessere' Versorgung bekommt. Das Hospital ist einfach viel besser ausgestattet und es hat wesentlich mehr Betten um Patienten aufzunehmen. Zudem gibt es dort mehr sogenannte ‚Spezialisten,' Ärzte die sich mit einer schweren Erkrankung wie Colitis ulcerosa, oder Morbus Crohn auskennen.

Kurz darauf rufen wir den Notarzt zeitgleich den Krankenwagen und lassen meine Person ins StädtischeKrankenhaus in (Stadt NRW) fahren. Etwas später in der Notfallaufnahme, aber geht alles recht flott. Im Grunde spielt sich die gleiche Prozedur ab wie, beim ersten Mal im kleinen Hospital. Dabei ähnelt es sehr einer Fragestunde!

Wenig später folgen eine Blutabnahme und einige kleine Untersuchungen. Danach darf mein Charakter in einem Warteraum (Abstellraum) erst einmal warten.

Inzwischen ist meine Lebenspartnerin wieder nach Hause gefahren schließlich, muss sie morgen wieder arbeiten.

Einige Stunden später, irgendwann gegen Mitternacht, wird mein Charakter auf seine neue Station gebracht. Die neuen Mitpatienten schlafen bereits, als mein Charakter sein neues Zimmer betritt. Zudem ist schwierig leise zu sein, weil eine der Krankenschwestern mir noch einige Fragen stellt.

Auch ist es ein großes Zimmer mit drei Betten und einen eigenen Toiletten/Waschraum drin. Mir fällt sofort auf, dass es hier eine Toilette im Zimmer gibt, das ist natürlich schon etwas anderes.
„Kein anstellen im Flur mehr", denke ich noch so bei mir!

Das gibt mir gleich ein wenig die Hoffnung auf einen besseren Krankenhausaufenthalt.

Schnell werden ein paar Anziehsachen ausgepackt, um sich gleich Nacht fertigzumachen. Danach legen wir uns ins Bett. Obendrein ist es sehr spät geworden und Unsereiner ist müde. Außerdem hat Unsereins den Tag über einige Medikamente bekommen und dazu noch nichts gegessen. So fällt meine Persönlichkeit sehr schnell in einen tiefen und ruhigen Schlaf.

Am nächsten Morgen fängt der Tag sehr früh für uns an und die Schwestern stürmen früh ins Zimmer. Auf meiner Uhr wird die Zeit 07.30 Uhr angezeigt.

Kurz darauf folgen Fragen über Fragen und einige Andeutungen wegen möglicher Untersuchungen. Auch sollen mehrere Untersuchungen notwendig werden, da nicht bekannt ist, was meinen Typ fehlt.
Mein Typ wird gleich aufgefordert nichts mehr zu essen. Außer den Flüssigkeiten in Form von Tee oder Brühe darf unser Ego nichts mehr zu sich nehmen.

Im Laufe des Morgens kommt die Stationsärztin ins Zimmer und bespricht mit mir den weiteren Ablauf. Dabei ist es eine sehr junge und hübsche Ärztin.

Zudem hinterlässt sie einen sehr kompetenten Eindruck.

Meine Partie soll eine der wichtigsten Untersuchungen bekommen eine sogenannte Koloskopie (Darmspiegelung). Gleichzeitig muss der Darm vorher entleert werden. Man selbst soll schon bald zwei Liter von einem Medikament trinken um richtig abführen zu können.

Wir machen die Medizinerin darauf aufmerksam, dass wir bereits vor 28 Tagen eine Koloskopie (Darmspiegelung) erhalten haben.
Die Medizinerin aber meint, meine Person soll sich keine so große Sorgen machen, diese Untersuchung ist notwendig.
Darauf meine Person folgendes fragt: „Ob vielleicht die Möglichkeit einer Narkose besteht?"
Weißkittel antwortet: „Das ist kein Problem Sie müssen nur mit dem Narkosearzt sprechen.
Wir haben so viele Fragen an den Weißkittel und als der Weißkittel wieder geht, sind es einige mehr.

Derweil haben die Mitpatienten natürlich alles mitbekommen und ich weiß nicht richtig wie ich mich verhalten soll. Sie fragen mich dauernd und wollen genau wissen, was ich habe, aber ich weiß einfach nicht was ich ihnen erzählen soll. Mit kleinen Informationshäppchen versucht meine Person dessen Neugier zu stillen. Die Rede ist von zwei älteren Herren und beide haben eine Darmerkrankung.

Am heutigen Tag hat meine Person kein so gutes Gefühl bezüglich seiner zweiten Darmspiegelung. Mein Typ hat ja bereits bei der ersten Darmspiegelung keine so guten Erfahrungen gesammelt. Was mein Typ aber noch viel mehr ärgert ist, dass er immer noch nicht genau weiß was eigentlich los ist!

Den ganzen Nachmittag über verbringt Unsereiner mit grübeln, als plötzlich eine der Krankenschwestern mit einem 2 Liter Gefäß, zu ihm ins Zimmer kommt. Gleich bekommt Unsereins die Aufforderung diesen 2 Liter Behälter, der gefühlt ist mit Abführmittel so schnell wie möglich zu trinken und gleichzeitig ab sofort nichts mehr zu essen.

„In Ordnung denkt mein Ego so bei sich, das kann ja nicht so schwer sein!"

Diese 2 Liter Abführmittel haben es aber in sich, mein Ego ist bereits nach dem 1 Liter Abführmittel ziemlich voll.

Die 2 Liter Abführmittel stellen eine große Herausforderung dar doch mit Ach und Krach schaffen wir das.

Außerdem ist bekannt, dass so eine dicke Flüssigkeit sehr satt macht. Wir wollen nur noch liegen und uns ausruhen. Doch das Medikament wirkt und so darf meine Persönlichkeit die ganze Nacht laufen. Es wird abgeführt, bis nichts mehr kommt. Dazu kann nicht genau gesagt werden wie oft meine Persönlichkeit laufen muss, aber das es schlaucht.

Am nächstem Morgen ganz in der Früh, mein Wecker zeichnet gerade eine 06.00 (Uhr). Bringt mir eine Krankenpflegerin einen weiteren 2 Liter Behälter mit Abführmittel. So früh am Morgen bereits so einen Behälter zu trinken, das ist so was von schrecklich.

Das Spiel ist eröffnet und das Szenario beginnt von vorne. Trinken und bald darauf wieder laufen. Meine eigene Person quält sich mit diesem zweiten Behälter Abführmittel ganz schön und ein wenig gereizt ist sie danach auch.

Nachdem das Trinken endlich geschafft ist, fängt das Laufen an. Dabei ist es sehr unangenehm, wenn man gleich morgens ständig auf die Toilette gehen muss.

Es ist bereits Mittag und mein Charakter ist mehr als leer obendrein kommt nichts mehr heraus. Doch plötzlich eine der Schwestern ins Zimmer hereinspaziert und mir ein ‚Engelshemd' bringt.

„Sofort anziehen geht gleich los", sagt sie.
„Man denkt mein Charakter noch so endlich!"

Keine weiteren fünf Minuten später, bis Unsereiner samt Bett, aus dem Zimmer gefahren wird. Auch sind es die zwei Krankenschwestern, die bereits das ein oder andere Mal mich besucht haben (unterstützten)! Diese gerade dabei sind mich Richtung Untersuchungsraum zu fahren. Sie fahren mich entlang der ganzen Station und am Ende fängt eine neue Station an.

Am Untersuchungsraum angekommen gibt es so eine Art Warteecke. Mein Subjekt nennt diese Ecke einfach nur ‚Parkplatz' weil hier viele Betten stehen und das auch wie ein ‚Parkplatz' aussieht. Mein Subjekt wird hier einfach Mal abgestellt, gleich danach fängt das Warten an. Dazu sind noch einige vor uns dran, also dauert es eine Weile, bis wir drankommen.

Unsereins kann nicht genau sagen wann, aber irgendwann kommt ein Pfleger zu uns ans Bett und nimmt uns samt Bett mit in den Untersuchungsraum. Dort im Untersuchungsraum ist es aber sehr kalt und dazu gibt sehr viele Instrumente, außerdem sieht es ein wenig nach einem Operationssaal aus.

Ganz plötzlich kommen zwei Arzthelferinnen und ein Arzt ins Zimmer hinein. Kurz danach wird meine Person auf die Koloskopie (Darmspiegelung) vorbereitet. Auf einmal wird mir ein Schlauch in die Nase gesteckt, dies dient der Sauerstoffversorgung.
Nur wenige Augenblicke später auch ein Blutdruckmessgerät auf meinem linken Zeigefinger. Anschließend soll Unsereiner sich auf die linke Seite legen und macht dies auch.

Nach einen kurzen Gespräch mit dem Medikus bekommt Unsereiner vom ihm die Narkose gespritzt. Es dauert keine Minute, bis wir völlig weg sind.

Gefühlt wenig später wachen wir wieder auf, wir liegen dabei in unserem Bett wieder in diesem ‚Parkplatz.‘ Zur selben Zeit haben wir viel Luft im Bauch und es ist uns sehr kalt. Das ist ein sehr komisches Gefühl, wenn man nichts von der

Untersuchung mitbekommt. Man wacht am Ende auf und alles ist vorbei.

Mein Ego sucht sofort nach Antworten und so beschließt er nach einem Pfleger zu rufen. Kurz darauf fragt ein Pfleger: „Was ist denn los?"
Ich antworte: „Ich würde gerne wissen, ob die Untersuchung gut verlaufen ist?"
Antwort vom Pfleger: „Ich kann Ihnen nichts Genaues sagen Sie werden gleich abgeholt."

Da bin ich jetzt ebenso schlau wie vorher. „Na ja denke ich so bei mir wenigstens keine schlechte Nachricht!"

Meine eigene Person wird, nachdem einige Minuten vergangen sind von zwei Schwestern abgeholt und zurück in ihr Zimmer gebracht.

Aber es dauert bis sehr spät am Abend plötzlich der Arzt, der auch die Untersuchung geleitet und durchgeführt hat. Meine eigene Person in ihrem Zimmer aufsucht. Wir sprechen über die Untersuchung und den bereits vorliegenden Ergebnissen. Dabei kommt heraus, dass meine Person eine schwere Darmendzündung hat. Der Mediziner, der sich mir als Oberarzt vorstellt, ist außerdem sehr nett.

Gleichzeitig versucht er mir zu erklären, dass diese Entzündung mit an Sicherheit grenzender Wahrscheinlichkeit, operativ entfernt werden muss. Dazu werden noch einige Untersuchungen nötig sein, aber man kann wahrscheinlich den Dickdarm nicht mehr retten. Zudem ist es besser diesen Dickdarm zu entfernen, da außerdem die Möglichkeit besteht an Darmkrebs zu erkranken.

Der Oberarzt tut alles um mich zu beruhigen, aber für mich ist diese Nachricht einfach nur der ‚Super Gau.'

Kein Mensch kann genau sagen, ob ich wirklich alles mitbekommen habe, aber für mich geht alles etwas zu schnell. Außerdem sollen morgen weitere Untersuchungen gemacht werden und ich soll mir nicht so viele Gedanken darüber machen.

Nur wenig später, nachdem der Oberarzt mir alle schlechten Nachrichten mitgeteilt hat, verschwindet dieser wieder. Ich habe für diesen Tag wirklich genug schlechte Nachrichten gehört. Was mich angeht, bin ich total daneben und kann nun keine klaren Gedanken mehr fassen.

Wörter wie Operation, Dickdarmentfernung, und Krebs, sind mir nicht unbedingt geläufig. Die Welt wie ich sie kenne, gibt es nun nicht mehr.

„Wie komme ich nur aus dieser Nummer wieder heraus?"

Die Nacht bricht an und wir möchten nur noch schlafen. Wir können, aber in dieser Nacht zuerst nicht richtig einschlafen doch der Körper schläft irgendwann völlig erschöpft ein.

Wir wachen am frühen Morgen auf, werden dazu vom Lärm der Krankenpflegerinnen geweckt. Gleich fängt die uns sehr bekannte und übliche Prozedur der Blutdruckmessung und der Fiebermessung an. Fragestunde am Morgen und sofort die Benachrichtigung wir (meine Person) werden nur wenig später noch eine Untersuchung bekommen.

Wie sich später herausstellt, will der Oberarzt bei mir eine Sonografie (Ultraschalluntersuchung) machen. Das ist nicht wirklich etwas Schlimmes und auch hiermit werden einfach nur weitere Fakten gesammelt.

Bei der Sonografie (Ultraschalluntersuchung) wird gleich die weitere Vorgehensweise mit dem Oberarzt besprochen. Zur selben Zeit kann man auf den Aufnahmen die gemacht wurden einiges erkennen.
Für meine Partie sieht das alles gleich aus.
Wenn, man nicht gelernt hat solche Aufnahmen richtig

zu deuten, ist das eben so. Nach der Ultraschalluntersuchung begibt sich mein Ego auf sein Zimmer, er darf ja mittlerweile ein wenig essen. Schließlich hat mein Ego schon lange nichts Vernünftiges mehr gegessen. Dabei ist es nicht viel was er essen darf, aber die Freude darüber überwiegt.

Was eine Tasse Kaffee und ein paar Zwieback doch für Endorphine freisetzen können. Natürlich hat Unsereiner jeden Happen genossen und gleich einmal nach mehr gefragt. Daraufhin uns eine Arzthelferin noch ein paar Zwieback und eine weitere Tasse Tee bringt.

Gleich nach dem Abendbrot sammel ich meine Gedanken neu und beschließe alle kommenden Untersuchungen über mich ergehen zu lassen. Dazu hat meine eigene Person keine Ahnung warum es so viele sein müssen.

In den darauf folgenden sieben Tagen hat meine eigene Person ungefähr neun Untersuchungen. Anfang der Woche geht es schließlich zur letzten Magen und Darmspiegelung. Man selbst hat bereits Abgeführt unddarf dazu nichts mehr essen. Das soll erst einmal die letzte Untersuchung sein. Genauso wie beim letzten

Mal muss man auch jetzt wieder bis zum Mittag mit der Untersuchung warten. Es gibt anscheinend eine Menge Menschen die diese Untersuchung brauchen.

Schließlich wird Unsereiner doch in den Untersuchungsraum gebracht. Ein Blick auf die Uhr verrät uns die Zeit, es ist mittlerweile nach 14.00 Uhr Mittag. Zum wiederholten Mal folgt ein kleines Gespräch mit dem Oberarzt, der diese Untersuchung durchführt. Dabei ist es sehr angenehm ein bekanntes Gesicht zu sehen, und gleichzeitig weniger Angstgefühle zu entwickeln.

Aber nach nur wenigen Augenblicken geht es bereits los. Unsereins legt sich wieder auf die linke Seite und bekommt sofort die Spritze mit der Narkose injiziert. Nur einen Wimpernschlag später spürt er nichts mehr und ist plötzlich weggetreten.

Gefühlte 60 Sekunden später wacht Unsereins wieder auf, obwohl der Zeiger der Uhr gerade einmal den Weg von 90 Minuten zurückgelegt hat. Unsereins liegt in dieser ‚Aufwachecke' (Parkplatz) und wird jetzt langsam wieder wach.
Da kommt eine Krankenschwester gefolgt vom Oberarzt vorbei. Angeblich ist alles bis auf den großen

Blutverlust gut verlaufen! Meine Person soll aber während der Koloskopie (Darmspiegelung) ca. 1 Liter Blut verloren haben.

„Wie fühlen Sie sich jetzt?", fragt der Oberarzt.
Meine Antwort: „Etwas schwindelig, aber sonst geht es."
Er nickt mit dem Kopf, um sich danach von mir zu verabschieden.
„Ein toller Doktor", denke ich noch.

Kurz darauf werde ich wieder auf mein Zimmer gebracht. Plötzlich erblicke ich meine Lebensgefährtin (K) die bereits hier auf mich wartet.
„Sie hat sich bestimmt Sorgen gemacht!", denke ich noch.
Sofort begrüße ich sie mit einer herzlichen Umarmung und drücke sie dabei ganz fest an mich. Sie aber fängt gleich an mich auszufragen. Doch meine Antworten sind wenig aussagekräftig und befriedigen sie keinesfalls.

„Warum hast du so viel Blut verloren?", „und empfindest du das alles als richtig?"

Diese Fragen kann meine eigene Person nicht genau

beantworten und deshalb geht sie kurz darauf zu den Pflegepersonen, um dort die passenden Antworten zu erhalten.

In der Zwischenzeit befreit sich meine Person von den blutigen Klamotten und wäscht sich kurz im Badezimmer. Gleich danach bekommt sie so etwas wie Blähungen. Es brodelt im Magen und sie muss dauernd auf die Toilette laufen.

„Meine Persönlichkeit fragt sich, ob dieses noch von der Darmspiegelung ist?"

Doch als meine Lebenspartnerin wieder ins Zimmer kommt, wird das Brodeln immer heftiger. Die Durchfälle nehmen drastisch zu und der Stuhl (Kot) ist flüssig obendrein sehr blutig. Irgendetwas stimmt nicht und es zwingt mich ständig auf die Toilette.

Dann während ich wieder einmal auf der Toilette sitze, drücke ich den dort vorhandenen Notschalter. Die Krankenschwester soll sich doch bitte von meinen Schwierigkeiten ein eigenes Bild machen.

Kurz darauf erscheint eine der Schwestern im Zimmer, klopft an die Toilettentüre und fragt mich:

„Ist alles in Ordnung bei Ihnen?"

Meine Persönlichkeit antwortet: „Nein und kommen Sie bitte einmal herein."

Kurz danach öffnet die Schwester die Toilettentüre, kommt herein und blickt kurz in die Toilette und sagt zu mir: „Da ist aber viel Blut im Stuhl!"

„Ja antworten wir, wir waren uns nicht sicher, ob das alles Blut ist."

Anschließend drückt sie die Toilettenspülung und versucht noch mich etwas zu beruhigen. Zum Schluss sagt sie: „Ich informiere sofort den Oberarzt, jetzt muss hier etwas geschehen."

Am heutigen Tag erhält mein Typ noch einige Infusionen und ein Medikament gegen Durchfall. Meiner Herzensdame (K) geht das alles stark auf die Nerven und sie verspricht am morgigen Tag mit dem Professor darüber zu sprechen.

„So geht es nicht, hier muss schnell etwas geschehen," sagt sie.

Endlich nachdem wir uns beide etwas beruhigt und sich mein Zustand nicht weiter verschlechtert hat, sie (K) schließlich völlig genervt nach Hause geht.

Die Nacht über brodelt es weiter in meinem Bauch und

die Durchfälle hören einfach nicht auf.

Am nächsten Morgen werden wir abermals sehr früh geweckt. Auch muss Unsereiner immer wieder auf Toilette laufen ständig Richtung Toilette. Also meldet Unsereiner dies den Krankenpflegerinnen, dass sich unser Zustand nicht gebessert hat. Das Gegenteil ist jedoch der Fall. Doch Unsereins soll bis zur Arztvisite warten, dann würde man dieses Problem mit uns besprechen.

Gleich nach dem Frühstück kommen die Ärzte ins Zimmer und Unsereins versucht sofort mit der Stationsärztin gemeinsam dem Problem auf den Grund zu gehen. Dabei werden immer die gleichen Fragen gestellt und Unsereins bekommt langsam das Gefühl, dass auch eine Stationsärztin irgendwann mit ihrem Latein am Ende ist.

Die letzte Maßnahme die mein Ego aber bekommt, ist ein Essverbot, der Darm soll sich nun etwas erholen. Die Durchfälle sollen mit der Entzündung des Darms zusammen hängen und sehr wahrscheinlich vom essen kommen. Mein Ego kann sich das nicht vorstellen und das Essverbot mag er auch nicht. Ab sofort bekommt meine eigene Person nichts mehr zu essen nur noch

Flüssigkeiten und das für ganze 14 Tage.

Solange soll das gar nicht dauern, denn meine bessere Hälfte (K) sorgt im Hintergrund für mächtigen Druck. Sie ist ins Krankenhaus gefahren, um sich den Professor ein wenig vorzunehmen.

Meine eigene Person kann nicht genau sagen mit welchen Argumenten sie ihn schließlich überzeugte, aber am heutigen Tag wird meine Person noch zu einer Nachuntersuchung gebracht. Diese Untersuchung ist für mein Typ neu und so fühlt er sich auch. Auch weiß mein Typ nicht was ihm dort wieder erwartet. Doch wie sich herausstellt, sind die Schwestern und Mediziner beim CT sehr nett und teilen mir auch mit, dass das nicht weh tut.

Kurz danach bekommt mein Charakter ein Kontrastmittel in den Arm gespritzt und wird anschließend in eine Röhre geschoben. Die ganze Untersuchung dauert nur ein paar Minuten und die Aufnahmen sind schnell gemacht.

Plötzlich aber einer der Ärzte zu mir kommt und mich fragt: „Haben Sie Schmerzen im Unterbauch?"
Ich antworte: „Nein keinerlei Schmerzen jedoch habe ich eine Menge Luft im Bauch."

Der Doktor fügt hinzu: „Sie haben ein Loch im Darm
ein sogenannter Darmdurchbruch und das ist auch die
Ursache für die Luft im Bauch." „Es wird gleich ein
Chirurg mit Ihnen sprechen."
Ich nicke nur mit dem Kopf und sage ‚danke.'

Man selbst wird anschließend mit seinem Bett in ein
kleines Zimmer geschoben.

Kapitel 4.

Doch plötzlich öffnet sich eine Türe. Wie sich später herausstellt, ist das der Chirurg. Der Chirurg stellt sich vor meinem Bett und sagt zu mir: „Sie haben jetzt 2 Möglichkeiten": „Sie lassen sich in etwa 90 Minuten von mir operieren oder Sie lassen sich nicht operieren und sterben am Ende!" Er fügt noch hinzu: „Ich erwarte eine schnelle Entscheidung von Ihnen."

Meine Antwort lautet: „Ja, operieren."
Er erwidert: „Dann sehe ich Sie gleich im Operationssaal."
Er dreht sich um und verlässt den Raum.

Mein Charakter ist aber geschockt, dazu hat er so eine schlechte Nachricht, einfach nicht erwartet. Gleich darauf wird mein Charakter wieder auf sein Zimmer gebracht, wo bereits ein Pfleger auf ihn wartet.
Auch soll der Pfleger nur meine Gestalt OP fertig machen und hat bereits eine kleine Wanne mit warmen Wasser und einen Rasierer besorgt. Dazu dauert es

nicht lange, bis alles wegrasiert ist, der Pfleger besitzt eine gewisse Übung darin Patienten wie mich zu rasieren.

Sofort nachdem das Rasieren beendet ist sucht meine Partie, schnell noch einmal die Toilette auf. Man möchte ja nicht kurz vorm OP auf die Toilette gehen müssen.

Gleich nachdem das erledigt ist, wartet Unsereiner noch eine geschätzte Ewigkeit auf seine Abholung. Dabei sollte er direkt zum Operationssaal gefahren werden. Doch es vergeht eine Stunde, bis Unsereiner zum OP abgeholt wird.

Auf einmal im Flur jedoch die große Überraschung unsere Geschwister und unsere Mutter stehen plötzlich da und fragen uns: „Wie geht es dir?", „und was ist nur los?"
Wir antworten: „Eine Notoperation ist notwendig und wir werden gleich operiert."

Uns gelingt es noch schnell einmal zu winken und schon werden wir in den Aufzug gebracht, der uns Richtung OP-Saal fährt. Im übrigen sind wir (ich) sehr nervös und dazu können wir unseren Mund einfach nicht mehr halten.

Anschließend macht meine Kreatur die Krankenschwestern im Warteraum des Operationssaals mächtig verrückt.

Es vergeht einiges an Zeit bis schließlich irgendwann meine Gestalt doch noch zum OP abgeholt wird. Zur gleichen Zeit ist es mir aber extrem kalt vielleicht, weil Unsereins nur dieses ‚Engelshemd' anhat und das Hemd wenig wärmt.

Im OP-Raum angekommen wird gleich nach einer Decke gefragt. Zu meinem Erstaunen reagiert eine der Schwestern besonders schnell auf meine Anfrage und bringt mir gleich die angefragte Decke. Gleich im Anschluss beginnt sie mich zu verdrahten. Es handelt es hierbei um die Blutdruckmessung und die Sauerstoffversorgung.

Bis zum heutigen Tag hat meine eigene Person noch nie ein Operationssaal von innen gesehen. Von hier kann meine eigene Person das ganz gut. Die Nervosität aber steigt und ist kaum noch zu ertragen.
Unsereins bettelt förmlich um seine Narkose als plötzlich, wie über Gedankenübertragung, der Narkosearzt mit der Narkose anfängt.
Kurz darauf wird uns eine Narkosemaske aufgesetzt

und wir merken schnell dessen Wirkung. Zuerst hören wir schlechter und danach verschwimmt unser Bild etwas. Bis Unsereins schließlich der Narkose nicht mehr widerstehen kann.

Das ist ein sehr komisches Gefühl, wenn man langsam so wegtritt um am Ende nach gefühlten zwei Minuten (echte 2,5 Stunden) wieder aufzuwachen.

Meine Partie kommentiert: „Es ist ein ungewohntes Gefühl nicht zu wissen, ob man wieder aufwacht oder nicht!"
Meine Person nimmt an dieser Stelle gleich mal vorweg, wir wachten wieder auf.

Man selbst befindet sich zurzeit in der Intensivstation und wacht mit deutlichen Schmerzen wieder auf. Doch als meine Person ein wenig wach geworden ist, ruft sie gleich nach der nächsten Krankenschwester. Wir betteln um Schmerzmittel da die Schmerzen unerträglich sind. Zudem kann sich Unsereiner kaum bewegen und der Bauchraum schmerzt gewaltig.
Eine der Arzthelferinnen vor Ort hört, aber unseren Ruf und kommt daraufhin schnell zu uns. Nach einem kleinen Informationsaustausch besorgt uns die Schwester die von uns so dringend benötigte Schmerzmittel. Es vergeht eine Weile bis diese

Schmerzmittel wirken, aber mit Einsetzen der Wirkung geht es uns wieder etwas besser.

Nur wenige Tage später werde ich auf mein ‚normales' Zimmer gebracht. Meine Mitpatienten freuen sich natürlich mich wiederzusehen und fragen mich: „Wie geht es Ihnen?"

Meine Antwort lautet: „Es geht mir ganz gut bis auf diese Schmerzen."

Nur wenig später zeigen die Schmerzmittel endlich Wirkung und so kommt es, dass ich zwischendurch immer wieder einschlafe. Irgendwann steht plötzlich eine Arzthelferin an meinem Bett und fragt mich nach meinem Befinden: „Wie geht es Ihnen und was machen die Schmerzen?", fragt sie mich.
Meine Antwort: „Die Schmerzen kommen und gehen und zurzeit bin ich nur Müde."

Die Arzthelferin nickt darauf mit dem Kopf, dreht sich um und geht wieder.

Viel später kann sich mein Körper etwas erholen, die Nacht über schlafen wir tief und fest. Doch am nächsten Morgen werden wir wieder einmal recht früh geweckt.

Dazu verbreiten die Schwestern zu früher Stunde bereits so viel Optimismus. Mein Typ hat gerade die Augen geöffnet als ihm folgende Fragen einfallen: „Warum und wieso hat mein Typ nur diese Entzündung?"

„Mein Bewusstsein hat jetzt Schmerzen und werden diese Schmerzen bald wieder vergehen?" „Wie ist die Operation verlaufen?", „und wird es eine zweite Operation geben?"

Doch eine der Krankenpflegerinnen soll mir all diese Fragen beantworten. Wie sich später aber herausstellt, kann mir die Krankenpflegerin nur einige wenige Fragen beantworten, sie ist wohl nicht im Besitz aller Informationen. Angeblich soll meine Persönlichkeit später bei der Arztvisite mehr erfahren.

Zu meiner Überraschung bekommt meine Persönlichkeit doch noch eine wichtige Information mitgeteilt. Wir (Ego) dürfen wieder langsam mit dem Essen beginnen. Mit dieser neuen Information kann man selbst sehr gut leben zeitgleich ist es für uns auch ein erstes positives Zeichen.
Später am Morgen erhalte ich beim Waschen etwas Hilfe, kann ich mich doch noch immer nicht viel bewegen.

Nach dem Waschen kommt das Frühstück und das genieße ich natürlich.

Ist schon erstaunlich wie sehr sich mein Lebewesen amheutigen Tag auf ein paar Zwieback mit Tee freut. Mein Element braucht eine gewisse Normalität und das Frühstück gehört nun mal dazu. Jedoch ist nach einer viertel Stunde das Frühstück wieder vorbei und wir warten gespannt auf die Arztvisite.

Der Zeiger der Uhr bewegt sich gegen 10.00 Uhr, als die Mediziner in unser Zimmer kommen.
„Guten Morgen, wie geht es Ihnen?", schallt es durch den Raum. Nur einen Augenblick später geht es bereits los. Auch fragt meine Persönlichkeit zu allererst nach den Ergebnissen der Operation. Doch was sie zu hören bekommt gefällt ihr gar nicht.

Die Stationsärztin sagt: Aufgrund der kurzen Vorbereitungszeit hat es einige Komplikationen gegeben. Man hat Ihnen fast den kompletten Dickdarm entfernt, weil dieser sehr stark entzündet war. Die Ursache dafür sind der Darmdurchbruch und die kurze Vorbereitungszeit. Zudem hat man auch nicht so sauber arbeiten können. Weißkittel fügt hinzu: „Sie können auch mit einem verkürzten Darm ein fast ‚normales,'Leben führen."

Des Weiteren wird eine Ernährungsberatung nötig um weitere Fehler zu vermeiden. Dabei kann meine Person bezüglich der Schmerzen im Bauch jeder Zeit die Krankenschwestern rufen, um weitere Schmerzmittel zu erhalten.

Doch gleich nachdem die Arztvisite vorbei ist, gibt es unter uns Patienten erst mal eine kleine Diskussion. Keiner von uns Patienten, ist richtig glücklich, mit dem was er von den Ärzten gehört hat.

Nur wenige Minuten später, nachdem etliche Sekunden vergangen sind und sich so etwas wie Ruhe eingeschlichen hat, schaut meine Person sich zum allerersten Mal seinen Bauch an.
Die Stationsärztin hat bei der Visite zwar kurz einen Blick darauf geworfen, aber meine Person noch nicht.

Doch während sich meine Persönlichkeit ihren Bauch anschaut entdeckt sie dabei einige Klammern! Im übrigen sind die Narben tatsächlich getackert! Dazu sehen diese Narben nicht gerade schön aus und zudem sind diese noch sehr Schmerzhaft. Meine Dramenfigur möchte nicht lange darauf schauen und so deckt sie den Bauch nach einigen wenigen Blicken wieder mit ihrer Bettdecke zu.

Aber das Thema mit den Klammern soll uns (Ego) Tage später noch einmal beschäftigen. Meine Dramenfigur bekommt nach einigen Tagen ganz plötzlich heftige Wundschmerzen und verlangt daraufhin nach einem Doktor, der sich diese Narben anschauen soll.

Folgende Diagnose wird, nachdem sich ein Arzt meine Narben angeschaut hat, festgestellt: „Sie haben einen nicht gewollten Darmausgang und aus ihrem Bauch kommt etwas Darmflüssigkeit heraus." „Die Klammern werden gleich von der Krankenschwester gezogen und außerdem wird sie Ihnen noch einen kleinen Beutel ankleben." „Damit die anfallende Darmflüssigkeit in dem Beutel wieder aufgefangen werden kann."

Dabei haben sich die Klammern wohl entzündet und verursachen bei mir diese Schmerzen. Eine Allergie gegen dieses Metall der Klammern ist wohl die Ursache dafür, dass diese Schmerzen nun auftreten. Deshalb werden diese jetzt entfernt.

Was meine eigene Person angeht, hat er keine Ahnung darüber, was ein ‚nicht gewollter Darmausgang' eigentlich ist. Gleich nachdem der Medikus geht, macht sich eine der Schwestern an mein Bauch ran.

Zuerst werden vorsichtig die Klammern entfernt und danach klebt sie mir dort, wo die Darmflüssigkeit ausläuft, einen kleinen Beutel an. Bald darauf als die Pflegeperson damit fertig ist, zeigt sie mir wie man den Beutel auch entleert.

Im Anschluss weist sie mich darauf hin, dass meine Person sich melden soll, sobald der Beutel undicht wird.

Sofort nach diesem kleinen Eingriff muss meine Person aber wieder auf Toilette gehen. Meine Person begibt sich zur ihrer Toilette und entleert ihren Körper. Nachdem Unsereiner mit dem Toilettengang fertig ist, setzt sich Unsereiner kurz auf die Bettkante. Dabei nimmt er etwas Wasser zu sich und liest das Tagesmenü.

Doch plötzlich während Unsereins da sitzt bemerkt er, dass etwas Flüssigkeit sich an seinen Beinen entlang, dem Fußboden nähert.

„Oh Gott", sagt er zu sich! Und ruft sofort nach einer Krankenschwester.

Es sollen ein paar Minuten vergehen bis, eine Pflegerin schließlich vorbeikommt.

„Was haben Sie denn gemacht?", „und warum ist der Beutel schon undicht?", fragt die Pflegerin.

Unsereiner antwortet: „Keine Ahnung warum der Beutel jetzt undicht ist. Unsereiner hat sich doch nur für ganze fünf Minuten auf die Bettkante gesetzt und schon ist dieser Beutel undicht.

„Der muss doch normalerweise länger halten", sagt mit einer energischen Stimme, plötzlich die Schwester.

Mein Wesen sieht die Schwester nur an und zuckt dabei mit seinen Schultern. Mein Subjekt hat doch wohl nichts Schlimmes verbrochen schließlich, hat mein Subjekt sich nur etwas auf die Bettkante gesetzt.

Die Schwester meckert noch ein wenig, schaut sich kurz den Beutel an und geht schließlich etwas Material holen.

Nur wenige Augenblicke später kommt die Arzthelferin mit allem, was sie braucht zurück. Arzthelferin fordert mich auf: „Legen Sie sich ins Bett und bloß nicht viel bewegen."
Kaum zu glauben doch die Schwester legt sofort los, dabei muss nur der alte Beutel entfernt und ein neuer Beutel geklebt werden.
So wie mein Ego von ihr erfährt, ist das nicht ganz so einfach. Gleichzeitig besteht mein Bauch nur aus

Narben und es ist fast unmöglich einen Beutel aufzukleben.

Die Schwester versucht nun den Beutel mit sogenannten ‚Engelshaar' abzudichten.

„So, das soll erst einmal halten", sagt die Krankenschwester und sieht mich dabei an.

„In Ordnung", erwidert meine Partie.

Dazu fühlt es sich recht gut an und alles scheint dicht.

Am heutigen Tag hat mein Charakter keine Pflegeperson mehr gerufen, weil überraschenderweise der neue Beutel dicht hält.

In den darauf folgenden Tagen sieht das, aber wieder ganz anders aus. Immer wenn sich mein Charakter für längere Zeit hinsetzt oder im Flur spazieren geht, wird der Beutel (ungewollter Darmausgang) wieder undicht.

Man mag es kaum glauben, aber nach ungefähr sechs Wochen, lässt man mich in diesem Zustand nach Hause. Vor meiner Entlassung stellt mein Charakter mit dem Sozialdienst den Antrag für eine Reha. Diese folgt ganze fünf Wochen nach seiner Entlassung aus dem Klinikum. Im Übrigen bekommt Unsereiner für die Zeit vor der Reha noch einen Pflegedienst nach Hause. Der sich um die Versorgung des Beutels kümmert.

Auch ist die Zeit vor der Reha eine echte Enttäuschung! Der Pflegedienst der sich um meinen Beutel (ungewollter Darmausgang) kümmert verzweifelt jedoch an dieser ungewöhnlichen Aufgabe. Zur gleichen Zeit ist es praktisch unmöglich für einen längeren Zeitraum den Beutel (ungewollter Darmausgang), dicht zu bekommen.

Kapitel 5.

Alles schneiden und kleben bringt nichts, es wird einfach nicht richtig dicht. In diesem Zustand kann sich meine eigene Person natürlich nicht wohlfühlen dazu ist sein Aktionsraum enorm eingeschränkt.

Meine eigene Person versucht ein paar Mal sich unter die Menschen zu mischen und jedes Mal, wenn sie wieder Zu Hause ist, ist der Beutel undicht.

Das Haus zu verlassen ist praktisch unmöglich und meine Person verlässt seine Wohnung nur noch, wenn das unbedingt nötig ist. Wenn zum Beispiel: Ein Arzttermin, Amt oder Banktermin unbedingt eingehalten werden muss.

Die fünf Wochen sind endlich vorbei und der Tag der Reha steht an. Mein Zustand kann als sehr labil und nervös definiert durchgehen. Meine Person soll mindestens drei Wochen in der Reha verbringen undsich dort körperlich erholen. Es wurde speziell für den heutigen Tag der Fahrt zur Reha speziell einen

Krankentransport bestellt. Da Unsereins nach wie vor die Fahrt liegend verbringen muss. Die Wegstrecke, die es zu absolvieren gilt, ist ca. 700 km lang. Klar ist auch, Unsereins kann diese Distanz niemals sitzend verbringen. Weil zu einem Unsereiner körperlich zu schwach ist und zum anderen, weil der Beutel (ungewollter Darmausgang) bestimmt nicht lange dicht hält. Also verbringt Unsereiner die Fahrt zur Reha liegend.

Richtig ist auch, bei einer Notwendigkeit würden die beiden Sanitäter wohl sofort anhalten, wenn das nötig wird. Unsere Fahrt jedoch verläuft ohne jedes Problem und Pausen werden ausreichend gemacht. Im selben Atemzug mein Typ aber mit dem Schlimmsten rechnen muss, also kommt ihm die Fahrt besonders lang vor.

Einen undichten Beutel (ungewollter Darmausgang) oder einen kleinen Anfall von blutigen Durchfällen und die Fahrt ist, erst einmal unterbrochen. Doch glücklicherweise bleiben uns all diese Schreckensszenarien am heutigen Tag Gott sei Dank erspart.
Bis wir schließlich nachmittags nach einer sehr langen Fahrt endlich am Gebäude der Reha stehen. Die Fahrt ist geschafft und Unsereins möchte nur noch etwas zur

Stärkung einen kleinen Happen (Essen) zu sich nehmen.

Die beiden Sanitäter sind sehr nett und fahren mich sogar in das Gebäude hinein und anschließend mit dem Aufzug auf mein Zimmer. Gleich nachdem alle meine Sachen im Zimmer sind und meine Gestalt sich von den Sanitätern verabschiedet hat, erscheint eine ‚fremde‘ Frau an seiner Tür.

Wie sich jedoch wenig später herausstellt, ist diese ‚fremde‘ Frau eine Angestellte der Rehaklinik. Die Angestellte ist eine Art Anstandsdame und soll mir in dieser Rehaklinik alles zeigen. Darüber hinaus ist sie auch noch für mich zuständig.

Gleich nach einer kurzen Vorstellung begleitet sie mich in den Esssaal. Da ist es bereits spät und die Essenszeit ist angebrochen.

Wir befinden uns nur einige Augenblicke später in einem riesigem Saal wo wir viele Menschen beim Essen zuschauen können. Hier gibt es eine Menge zu essen und noch viel mehr zu trinken. Mein Ego bedient sich gleich am Getränkestand und lässt sich danach von der Küchenhilfe noch sein Essen bringen. Obwohl mein Ego keine spezielle Diät verfolgt er trotzdem das Essen, aber lieber fettarm haben möchte.

Während des Essens bespreche ich mit der Mitarbeiterin (Anstandsdame) meine Problematik. Dabei nimmt die Mitarbeiterin alles geduldig auf und macht außerdem noch einen sehr kompetenten Eindruck.

Etwas später nach dem Essen zeigt sie mir gleich die Örtlichkeiten. Wir gehen hiernach sehr lange durch das Gebäude, bis sie mich am Ende zu meinem Zimmer begleitet. Dort angekommen, verabschiedet sich die Angestellten nur noch von mir.

Am heutigen ersten Tag macht meine Persönlichkeit nicht mehr viel sie, ist einfach zu müde dafür. Nachdem meine Persönlichkeit ausgepackt hat, wäscht sie sich und danach macht sie sich Nacht fertig.

Überdies verbringt sie ihre erste Nacht recht angenehm.

Am nächsten Morgen wird Unsereins sogar zum Frühstück geweckt. Zu meiner Überraschung wird man sogar gefragt wo, man denn das Frühstück einnehmen möchte.

Im Übrigen ist Unsereins an den ersten Tagen noch in den Esssaal gegangen. An den darauf folgenden Tagen kann Unsereins es aber nicht mehr. Der Grund dafür ist, der Beutel den Unsereiner auf dem Bauch hat, dieser wird immer häufiger undicht.

Vorort gibt es eine Nachtschwester und diese muss auch fast täglich zu mir kommen. Wir beide nennen das die Bastelstunde. Meine eigene Person klagt außerdem über erhebliche Durchfälle und eine Fissur im Analbereich.

Am Ende, nachdem ganze zehn Tage vergangen, meine eigene Person schließlich nach dem Chefarzt ruft und dieser am selben Tag noch sich meine eigene Person anschaut.

Nach dieser Untersuchung ist, aber klar wir (Ego) müssen ins Krankenhaus. So wie der Chefarzt sagt, muss sich das unbedingt ein Chirurg anschauen.
Obendrein sind die Schmerzen in meinem Analbereich einfach zu stark. Dazu kann mein Wesen kaum sitzen und bei jedem Stuhlgang könnte mein Subjekt durch die Decke gehen.
Schlimmer noch mein Typ kommt kaum noch aus seinem Zimmer heraus. Und das geht so überhaupt nicht.

Also wird zum wiederholten Mal ein Krankenwagen bestellt, der mein Element ohne weitere Verzögerung ins nächstgelegene Hospital fährt.

Dort angekommen untersucht mich sofort ein Chirurg. Dieser überweist mich gleich in eine Spezialklinik. Sodass, es nur wenig Tage später mit einem Krankenwagen in die Spezialklinik geht.

Kapitel 6.

Den ersten Kontakt mit einem Stoma auch künstlicher Darmausgang oder (Anus praeter) genannt hat meine eigene Person im Dezember 2003. Sie wird nach starken Schmerzen im Anal Bereich und blutigen Durchfällen, hohen Entzündungswerten, und einen nicht gewollten Darmausgang im Bauch. In ein Krankenhaus nahe (Bad Waldsee) eingeliefert.

Obendrein weißt niemand was eigentlich mit meiner Person los ist. Zudem befindet sich meine Persönlichkeit seit zehn Tagen in einer Rehaklinik und nun wird sie mit starken Schmerzen ins Krankenhaus gefahren, um anschließend bei einem Chirurg vorstellig zu werden.

Sofort steht fest, dass meine Persönlichkeit in eine Spezialklinik für Morbus Crohn Patienten muss. Kurz darauf mein Typ sich gezwungen sieht wieder in den Krankenwagen zu legen und zur einer Spezialklinikfür Morbus Crohn Patienten fahren zu lassen. In der Spezialklinik angekommen fängt sofort das Suchen an.

Das Suchen nach der Ursache für diese (unsere) starken Schmerzen.

Dem diensthabenden Arzt legt Unsereiner seine vorhandenen Befunde vor. Diese Befunde gelten hier aber nicht mehr und man teilt uns gleich mit, dass alle Untersuchungen noch einmal gemacht werden müssen.

Zuallererst wird die wichtigste aller Untersuchungen für mich angeordnet die Darmspiegelung (Koloskopie). Diese Darmspiegelung soll in den darauf folgenden Tagen durchgeführt werden.

Bald darauf wird eine Sonografie (Ultraschall Untersuchung) vom diensthabenden Mediziner gemacht. Nach der Sonografie wird Unsereiner auf der Normalstation aufgenommen.

Im Übrigen verläuft unsere (Ego) erste Nacht in der Spezialklinik sehr unruhig und wir werden am nächsten Tag sehr früh wach. Der Zeiger der Uhr zeigt doch tatsächlich eine 07.00 Uhr an! Sofort stehen gleich mehrere kleinere Untersuchungen an.
Trotzdem verläuft der erste Tag noch relativ ruhig. Zwei Tage später endlich die Darmspiegelung. Dies

stellt bereits unsere dritte Darmspiegelung dar und Unsereins hat nicht gerade gute Erfahrungen damit, in der jüngeren Vergangenheit gemacht. Dementsprechend groß sind unsere Sorgen und unsere Aufregung.

Am Morgen wird Unsereins nach einer kurzen Vorbereitung zur Darmspiegelung (Koloskopie) gebracht. Auch wirkt die Narkose, die wir hier erhalten sehr schnell, sodass wir einen Filmriss bekommen und 90 Minuten später wieder aufwachen.
Dabei ist die erste Frage, die ich den Pfleger stelle: „Was ist eigentlich passiert?", „und wo bin ich?"

Pfleger antwortet: „Sie sind im Aufwachraum und Sie werden gleich wieder auf die Normalstation gebracht."

Nur wenige Minuten später befindet sich mein Charakter wieder auf der Normalstation. Sofort fängt das Fragen an. Möchte mein Charakter doch unbedingt wissen, ob und wann er wieder etwas essen darf. Außerdem wie die Darmspiegelung verlaufen ist.
Unsereins erfährt, aber erst am Nachmittag, was mit ihm los ist, da wird er nämlich zum Chefarzt gebracht. Dieser möchte ihn unbedingt noch untersuchen. Zwischen Doktor und Patient kommt es jedoch

während dieser Untersuchung zu einem sehr ernsten Gespräch. Der Chefarzt untersucht mich und anschließend bespricht er das weitere Vorgehen mit mir. Dabei ist er sehr nett und versucht es mir schonend beizubringen.

Meine Person soll in den nächsten Tagen operiert werden, da es zwei Fisteln in ihrem Körper gibt, die starke Schmerzen verursachen. Dazu ist der Darm entzündet und man möchte diesen ein wenig schonen.

Außerdem möchte der Chefarzt in einer extra geplanten Operation, den nicht gewollten Darmausgang entfernen, gleichzeitig die Fisteln im Bauch und Anal Bereich schließen. Anschließend soll meiner Person ein Dünndarmausgang (Ilestoma) gelegt werden.

Das sind jetzt aber mal keine so gute Nachrichten und dementsprechend fühlt sich meine eigene Person auch. Währenddessen versucht der Chefarzt meine Person noch etwas zu beruhigen und teilt ihr mit, dass man auch mit einem Dünndarmausgang sehr alt werden kann.
Gleich nach dem Gespräch wird meine eigene Person erst einmal wieder auf ihr Zimmer gebracht. Zudem

soll sie sich das mit der Operation überlegen und in den nächsten Stunden noch eine schriftliche Zustimmung erteilen.

Was für ein Schock für mein Ego das ist aber auch starker Tobak. „Wie fühlt man sich nach so einer negativen Nachricht?", „und nach solchen Perspektiven!"

Nun für mich geht jetzt eine Welt zu Ende und ich möchte nur noch meine Ruhe haben. Dabei spiele ich viele Szenarien durch die für und die gegen eine Operation sprechen. Das Schlimmste hierbei ist, keiner kann mir bei meiner Entscheidung richtig helfen. Mein Wesen ist jetzt gefragt und muss jetzt alleine die schwierige Entscheidung treffen.

Unsereins verbringt eine sehr unruhige Nacht, ein anderes Wort dafür ist, schlaflose Nacht.

Unsereiner wacht am folgenden Morgen wieder auf. Es ist der Tag der Entscheidung für uns (Ego). Eigentlich ist die Entscheidung im Grunde schon längst gefallen und ins Geheim weist das Unsereiner auch. Ein Leben mit zwei Fisteln und einen nicht gewollten Darmausgang möchte Unsereins nicht haben.

Keine Überraschung ist, dass Unsereins im Laufe des Tages die Unterlagen für die Operationen unterschreibt. In den darauf folgenden Tagen folgen aber mehrere Voruntersuchungen, die mein Typ über sich ergehen lässt.

Am Ende kommt der Tag, an dem sich alles ändern soll. Mein Typ wird früh morgens in den Operationssaal gebracht. Dabei ist angedacht, dass der Chefarzt persönlich diesen OP (Operation) durchführt.

Auch dieses Mal geht es mit der Narkose verhältnismäßig schnell. Meine Persönlichkeit bekommt zum wiederholten Mal einen Filmriss und wacht später in der Intensivstation wieder auf.

Die erste Krankenpflegerin die gesehen wird, wird gleich von ihr befragt: „Wie ist die Operation verlaufen?", „und haben wir (Ego) jetzt einen Darmausgang?"

Schwester antwortet: „Die Operation ist gut verlaufen und ja, Sie haben jetzt auf der rechten Seite einen Darmausgang (Ileostoma)."

„Danke", sagt meine Partie zu ihr.

In Ordnung denken wir so bei uns, wenigstens haben wir das bis hierhin überlebt. Obendrein haben wir Schmerzen und fühlen den Beutel vom Darmausgang auf unserer Haut.

Sofort wird die Schwester nach etwas stärkeren Schmerzmitteln gefragt. Daraufhin die Schwester die Dosis steigert und nach einer viertel Stunde merkt mein Charakter, dass die Schmerzen bereits ein wenig zurückgehen.

Mein Charakter möchte nur noch eines, wissen wie sein Bauch aussieht. Zu diesem Zweck wird gleich die Bettdecke etwas zur Seite gelegt und sich mal das ganze angeschaut. Das sieht nicht toll aus und überall sieht mein Individuum nur Klammern und Narben.

Was für ein Schock für uns wir sind 38 Jahre alt und haben für eine unbestimmte Zeit ein Beutel am Bauch. Klar ist aber auch, dass das Leben, das mein Individuum mal kannte, erst einmal vorbei ist.

„Wer möchte schon jemanden mit einem Beutel am Bauch als Freund oder zum Mann haben?" „Kann man mit einem Beutel normal Leben?", fragt sich mein Charakter.
„Was kann man mit einem Beutel überhaupt noch machen?"
Man kann sich das nur schwer vorstellen was für unmögliche und durchaus negative Gedanken mein Bewusstsein jetzt hat. Meine Kreatur ist körperlich

schwach und steht mächtig unter Medikamenteneinfluss. Doch uns ist nur zum Weinen. Dazu hat meine Dramenfigur sich dauernd nur gefragt: „Warum nur wir und wieso gerade jetzt?"

Und ganz plötzlich fällt es uns wieder ein, wir (Ego) haben eine Familie und überdies werden wir geliebt. Meine Lebenspartnerin (K), meine Geschwister (A, R, G, S) und meine Eltern machen sich bestimmt mächtig Sorgen um mich.

Nach einem Telefonat mit meiner Lebensgefährtin (K) ändert sich das ein wenig. Man selbst ist froh eine vertraute Stimme zu hören und ihren aufmunternden Worten zu folgen. Das Telefonat verfehlt seine Wirkung nicht es beruhigt mich etwas.

Dafür aber habe ich nun wieder stärkere Schmerzen. Kurz darauf wird eine höhere Dosis Schmerzmittel bei einer Pflegeperson angefordert. Gleich nachdem ich diese erhalten habe schlafe ich friedlich ein. Auch verbringe ich dank der Schmerzmittel eine sehr ruhige Nacht.
Angedacht ist, das meine eigene Person in den nächsten Tagen eine Stomatherapeutin bekommt, um den Umgang mit ihrem Stoma zu lernen.

Das lehnt meine eigene Person, aber zuerst ab, möchte sie schließlich noch nicht mit diesem Thema auseinander. Es vergehen einige Wochen bis, sich mein Ego langsam mit den Gedanken anfreunden kann, mit einem Darmausgang ein ganz ‚normales' Leben zu führen. Überdies hat meine Partie bereits ein wenig an Gewicht zugelegt und der Kreislauf ist auch stabiler.

Plötzlich wie aus heiterem Himmel die nächste Hiobsbotschaft durch die Türe kommt. Eine der Krankenpflegerinnen kommt ins Zimmer und sagt zu mir: „Wir müssen Sie in Quarantäne setzen Sie haben Staphylokokken."
„Was sind wieder Staphylokokken?", fragt sich mein Ego!

Nun in der Gegenwart würde meine Person das so erklären: Als Staphylokokken wird eine kugelförmige Bakterie bezeichnet. Sie (die Bakterie) leben auf Haut und Schleimhäuten und sind oft harmlos. Können jedoch auch Infektionen im Weichgewebe und in inneren Organen hervorrufen und danach lebensgefährlich werden.

Diese Informationen hat meine Person zu dem Zeitpunkt leider noch nicht. Meine Persönlichkeit erfährt nur, dass sie für einen begrenzten Zeitraum alleine im Zimmer liegen muss und darüber hinaus keinen weiteren Besuch erhalten darf.

So eine schlechte Nachricht würde jeden von uns aus der Bahn werfen und bei meiner Persönlichkeit war das nicht anders.

Ein paar Tage später, aber eine dicke Überraschung! Meine Mutter, mein Bruder und meine Partnerin sollten mich besuchen.

Als sie Tage später endlich durch die Türe kommen wundere ich mich darüber, dass sie alle mit einem blauen Kittel überzogen sind zudem noch einen Mundschutz und Handschuhe tragen.

Zur selben Zeit besteht immer noch Ansteckungsgefahr und sie wollen sich nicht bei mir anstecken.

Man kann es ruhig sagen wir haben uns trotz der ‚Vermummung' gut unterhalten. Dazu wurde es für alle Beteiligte doch noch ein schöner Tag.

Dann, als sie wieder am nächsten Tag abfahren hat mein Typ zumindest ein wenig Hoffnung getankt. Es kann an dieser Stelle vorweggenommen werden, die Staphylokokken ist mein Wesen wieder losgeworden. Seine körperliche Schwäche und die Schmerzen teilweise auch.

Außerdem nach ungefähr drei Monaten Krankenhausaufenthalt wird mein Charakter eines Tages wieder aus dem Krankenhaus entlassen.

Bald darauf wird mein Charakter in einen Krankentransporter gesteckt und anschließend nach Hause (NRW) gefahren. Auch ist es fast nicht zu glauben, wie lange einen drei Monate vorkommen können. Mein Individuum hat oft gedacht, dass er das nicht mehr schafft. Unter anderem, weil er nun auf unter 50 Kilogramm abgemagert ist, bei einer Körpergröße von 1,80 m.

Gleich nachdem mein Individuum nach mehr als drei Monaten wieder zu Hause ist, er plötzlich ein Pflegefall darstellt, obendrein noch pflegebedürftig ist.

Kapitel 7.

Ob man mir das abnimmt oder auch nicht meine Partnerin hat sich riesig auf mich gefreut.

Da wir beide sehr nah am Wasser liegen lassen wir erst einmal, das ein oder andere Tränchen laufen. Wir tauschen uns lange aus und genehmigen uns das ein oder andere Endorphine.

Diese Endorphine entstehen z. B., wenn man lange fusselt (knutscht) oder einfach nur lange miteinander kuschelt.

In den darauf folgenden Tagen haben wir (K+Ego) einiges zu besprechen. Außerdem muss noch ein Pflegedienst bestellt werden und jede Menge anderer Sachen. Die Krankenkasse, Sanitätshaus, Bank, et cetera. Dazu muss eine Menge Papierkram erledigt werden.

Die Zeit nach dem Krankenhausaufenthalt und hier vor allem die ersten Tage der Umstellung sind als sehrschwierig zu bezeichnen. Zudem ist ein Darmausgang nicht immer dicht und ein Pflegedienst benötigt eine gewisse Zeit, bis er vor Ort ist. Meine eigene Person hat an dem einen oder anderen Tag die Nerven blank liegen.

Überdies möchte sich meine eigene Person immer noch nicht mit dem Thema Stoma auseinandersetzen. Wenn, einmal das Stoma undicht ist, wird einfach irgend eine Kompresse draufgeklebt.

Meine Persönlichkeit ist nun unter andern bettlägerig und kann sich nur mithilfe eines Rollators fortbewegen. Darüber hinaus bekommt meine Persönlichkeit Hilfe beim Waschen, Duschen und Anziehen. Essen kann mein Ego zwar alleine kochen, aber noch nicht.

Auch müssen wir keine spezielle Diät einhalten, aber der eigene Speiseplan kann schon als ein wenig eingeschränkt bezeichnet werden. Lebensmittel die Blähungen, Durchfälle und damit auch gewisse Schmerzen verursachen werden von unserem Speiseplan verbannt. Gleichzeitig hat mein Ego eine laktosefreie und ballaststoffarme Ernährung.
Darüber hinaus sind meine Entzündungswerte immer noch als hoch zu bezeichnen. Und so muss Unsereinerauf das ein oder andere Lebensmittel aus seinem Speiseplan verzichten.

Ferner hat Unsereiner eine lange Medikamentenliste, die es zu verkürzen geht. Zuerst steht ein Besuch bei unserer Gastroenterologin an, dieses dauert aber ein paar Wochen, bis Unsereiner wieder voll transportfähig ist.

Der erste Besuch unserer Gastroenterologin ist als sehr schwierig zu bezeichnen und dieses bezieht sich nur auf das Stoma. Das System das Unsereins hat, ist einfach nur als suboptimal zu bezeichnen.
Des Weiteren ist das Stoma öfter undicht als es für gewöhnlich erlaubt ist. Plus mir am heutigen Tag die Säure unter der Haut brennt.

Also untersucht mich die Medizinerin und schaut sich dabei auch gleich einmal das Stoma an.
Am heutigen Tag erhält mein Typ von seiner Ärztin jede Menge Tipps und Ratschläge. Bezüglich des Umgangs mit seinem Stoma und der neuen Medikamenten, die mein Typ verschrieben bekommt.
Meine Person erhält eine Kortisontherapie und dazu für ein paar Wochen ein Antibiotikum.
Zur Sprache kommt noch eine mögliche Therapie mit Humira so heißt wohl das Medikament. Hierbei handelt es sich um ein sogenanntes Immunsuppressiva. Dieses Medikament wird zur

Unterdrückung des Immunsystems gegeben. Da meine Person die Diagnose Morbus Crohn erhalten hat und das Immunsystem unterdrückt werden muss. Ist das, das geeignete Medikament dafür.

Da aber mein Stoma schon zwickt und ich die Probleme schon wieder auf mich zukommen sehe beschließe ich den Besuch bei meiner Ärztin sofort zu beenden.

Zwar hat mein Individuum sehr viele und auch neue Informationen erhalten doch ist er ein wenig ungehalten wegen seines undichten Stoma.
Das ganze macht mein Individuum sehr müde und dazu ist mein Individuum ein wenig gereizt. Also fahren wir nach Hause, um anschließend den Pflegedienst zu bestellen.
Mein Charakter kann sich immer noch nicht den Darm anschauen und das Wechseln der Platte auch nicht.

Dabei wird der Beutel am heutigen Tag recht spät gewechselt, der Pflegedienst hat sich einfach mehr Zeit gelassen. Der Pflegedienst ist sonst immer recht flott. Darüber hinaus sind die Frauen des Pflegedienstes immer sehr nett zu mir und fleißig dazu. Obendrein kommt mein Charakter nicht gut mit seinem

Stomasystem klar, ein Besuch im Sanitätshaus soll, das aber ändern. Meine eigene Person hat eine sehr gute Stomatherapeutin in diesem Sanitätshaus, die ihr dort immer mit ihrem Stoma hilft.

Nachdem meine eigene Person ein anderes System mit einem etwas größerem Beutel und einem Bauchgürtel bekommen hat, sich die Lage etwas ändert. Das neue System ist wirklich gut zu gebrauchen, auch wird es nicht mehr so oft undicht.
Ein weiterer Vorteil, ist das Fassungsvermögen des neuen Beutels, dadurch kann meine Persönlichkeit nachts besser schlafen. Der Beutel füllt sich auch nicht mehr so schnell und so wird meine Persönlichkeit nachts nicht mehr durch einen überfüllten Beutel geweckt.

Viel Später, nachdem viele Monate ins Land gegangen sind, hat mein Ego selbst angefangen die Basisplatte und den Beutel zu wechseln. Eines Tages ist der Beutel wieder mal undicht und es muss sehr schnell gehen. Zudem hat mein Ego am heutigen Tag noch einige Arzttermine und möchte diese auch einhalten. Also entschiedet sich Unsereins bei einem Missgeschick (Malheur) die Basisplatte und den Beutel selbst zu wechseln. Sich dazu zuerst einmal zu überwinden ist schwer und Unsereins schafft es am heutigen Tag. Überdies kostet es uns zwar eine große Überwindung, aber dafür können am heutigen Tag alle Termine wahrgenommen werden.

Mein Charakter hat gerade das, was man ein Erfolgserlebnis nennt und das braucht mein Charakter in seiner Situation auch. Wir sind zwar nicht besonders geübt in Basisplatten schneiden und kleben, aber wir haben uns das alles mal bei den Pflegekräften abgeschaut. So weit wir uns (Ego) noch daran erinnern können war die Basisplatte nicht perfekt gemacht und gehalten hat sie auch nicht besonders lang.

Normalerweise hält eine Basisplatte zwei Tage. Zugleich kommt es auf folgendes an: Wie lange man sitzt, läuft, rennt, duscht, isst, trinkt und wie viel man schwitzt. Demnach ist also ein Basisplatten-Wechsel im Grunde nicht vorhersehbar oder gar kalkulierbar. Wenn man euch z. B. erzählen würde, dass die Basisplatte immer dann kaputt ging, wenn man es am wenigsten brauchte. Werdet ihr das meiner Person wohl kaum glauben.
Aber genau so spielte sich das immer ab. Es liegt in der Natur der Sache, man schaut nicht alle fünf Minuten auf die Basisplatte oder den Beutel. Und wenn man

einmal das Haus verlassen hat und man bemerkt, dass ein Missgeschick (Malheur) passiert ist. Ist es meistens bereits zu spät.

Deshalb hat sich meine Person wegen dieser vielen kleinen Missgeschicke auch einen kleinen Rucksack besorgt und ihn mit all dem bestückt was er zum Wechseln (des Stomasystems) braucht.

Das andere Problem ist bald darauf einen geeigneten Ort (Toilette) zu finden um sofort eine ‚Reparatur' (des Stomasystems) durchführen zu können. Mein Typ hat sich vorsorglich im Laufe der Zeit einige Toilettenplätze ausgemacht, wo er sich in aller Ruhe seinen Beutel oder seine Basisplatte reparieren kann.
Gleichzeitig kann ruhig Erwähnung finden, das mein Typ immer gleich eine kleine Krise bekommt, wenn diese Toiletten entweder besetzt, defekt, oder kein Toilettenpapier mehr vorhanden ist.

Ganz ehrlich gesagt geht das meiner Dramenfigur ganz schön auf die Nerven und sie hat heute noch so etwas wie einen ‚Reinigungstick.' Begründet ist dieser darin, dass meine Dramenfigur ein schwaches Immunsystem hat und dadurch sehr schnell sich eine Infektion holen kann. Deshalb hat mein

Individuum sozusagen, als kleine Vorsichtsmaßnahme immer ausreichend Reinigungstücher dabei, um bei Bedarf verunreinigte Flächen zu reinigen.

Das Schlimmste an meiner Geschichte ist, man kann zwar mein Stoma nicht sehen, aber meine körperliche Schwäche schon.

Zur selben Zeit kann man nicht genau sagen, wie vielen Leuten ich Leid tue, es sind bestimmt einige. Meine körperliche Schwäche und die hohe Dosis der Medikamente sorgen dafür, dass ich eine geringe Konzentration und wenig Kraft habe.

Die wenigsten von euch werden sich vorstellen können was Unsereins in dieser für uns so schwierigen Zeit durchmacht. Ein Körper, der sich völlig verändert dazu keine Kraft mehr hat und die daraus resultierende nicht Akzeptanz der anderen.

Dabei dauert es einige Monate, bis Unsereins mit seiner neuen Situation einigermaßen zurechtkommt und wieder seinem Körper vertraut. Dich von ganz unten wieder langsam hoch-kämpfen und bei all dem Widerstand nicht aufzugeben. Dazu kommen diese ich gebe einfach auf Gedanken immer nur dann, wenn wirklich nichts mehr geht.

Ein starker Geist kann in einem schwachen Körper auf

Dauer einfach nicht glücklich werden. Da Geist und Körper eine Einheit bilden ist man schnell aufgeschmissen, wenn eines von beiden Dingen nicht mehr möchte.

Auch auf andere angewiesen zu sein und selbstständig nicht mehr viel machen zu könnenbringt dich (mich) fast um den Verstand. Überdies diese Hilflosigkeit und die damit verbundene Abhängigkeit für dich unerträglich ist.

Meine eigene Person hat über neun Jahre sich mit ihrem Stoma arrangiert. Einige Jahre später mit ihrer Gastroenterologin nach ungefähr neun Jahren des leiden mit ihrem Stoma beschlossen einen Versuch zu starten. Hierzu muss noch wähnt werden, das es keine andere Lösung gibt.

Meine eigene Person besitzt mittlerweile vier Fisteln um das Stoma herum, die sehr schmerzhaft und zur selben Zeit gefährlich sind. Deshalb soll meine Person bald an den Fisteln operiert und gleichzeitig der vorhandene Darmausgang zurückverlegt werden.
Die Entscheidung darüber das in die Tat umzusetzen fällt nicht leicht. Meine Person kann heute nicht genau sagen, wie viele Gespräche sie dazu geführt hat, bis sie

sich letztendlich für die Operation entschließt. Gleichzeitig schon alleine der Gedanke einmal ganz schmerzfrei zu sein und auch keinen Stoma mehr zu besitzen wohl am Ende zu dieser Entscheidung führen.

Wobei die Zeit mit Stoma und den Fisteln als sehr schlimm zu bezeichnen sind. Ohne diese verdammten Fisteln wäre es vielleicht noch gegangen. Dies wäre auch einigermaßen erträglich gewesen.

Das Problem bei meinen Typ ist, dass er im Moment kein Krankenhaus mehr sehen kann und er darüber hinaus noch eine gewisse Angst vor, der bevorstehenden Operation hat. Dabei soll es nur ein ‚Versuch' sein mein eigenes Leben anders zu gestalten.

Meine Typ kann es, aber an dieser Stelle vorwegnehmen er hat sich dieser Operation unterworfen und alles ist gut gegangen. Die Fisteln sind alle weg und der Darmausgang auch.

Das allerwichtigste zum Schluss: 17 Jahre später und meine Persönlichkeit hat keinen Darmausgang (Ileostoma) mehr auch wiegt sie wieder gute 75 Kg.

An dieser Stelle endet unsere (meine) Geschichte für heute, aber im Anschluss folgen einige Tipps und Erklärungen alles rund um das große Thema Morbus Crohn und Stoma.

Kapitel 8.

„Wodurch entsteht aber Morbus Crohn?"
Meine Persönlichkeit hat bereits einige Dinge dazu gesagt. Der Stress ist ein ganz wichtiger Faktor, wenn wir von den Auslösern der Krankheit sprechen. Zudem kommt die Vererbung dazu, soll heißen: Unsere Gene, die wir vererbt bekommen haben und davon gibt es ungefähr 70 Gene die in Verbindung mit Morbus Crohn gebracht werden.

Genau wie eine nicht gesunde oder falsche Ernährung. Zu viele raffinierte Kohlenhydrate und gehärteten Fetten, Umweltfaktoren, das Leben in der Stadt und das Rauchen.

Meine eigene Person ist zu der Zeit schon seit einigen Jahren Nichtraucher, aber das Rauchen begünstigt Morbus Crohn und es erhöht das Darmkrebsrisiko um bis zu 50 %. Bis heute sind noch nicht alle Ursachen fürMorbus Crohn bekannt. Bekannt ist: Es betrifft Frauen und Kinder genauso wie Männer. Dabei erkranken wohl am häufigsten Erwachsene zwischen

15 und 35 Jahren ältere Menschen ab einem Alter von 60 Jahren.

Kinder können auch an Morbus Crohn erkranken bei ihnen äußert sich die Erkrankung anders als bei den Erwachsenen. Zum Beispiel: Müssen Kinder mit einer erheblichen Entwicklungsverzögerung rechnen.

Die Anzahl der an Morbus Crohn erkrankten hat in den letzten 20 Jahren drastisch zugenommen. Meiner persönlichen Meinung nach kann das mit dem zunehmenden Stress am Arbeitsplatz zu tun haben den Arbeitnehmer heutzutage ausgesetzt werden. Der zunehmende Konkurrenzkampf unter den Firmen überträgt sich auch auf deren Mitarbeiter.

Die Mehrstunden die deutsche Arbeitnehmer im Jahre 2016 leisten liegt bei ungefähr 1,8 Mrd. Überstunden. Mehr als die Hälfte davon war unbezahlt. Da kann sich jeder von uns ausrechnen wie dünn die Personaldecke der Unternehmen mittlerweile sein muss. Mehr Arbeit kann auch mehr Stress bedeuten und auch mehr Ausfälle durch Krankheit.

Der psychische Druck den Mitarbeiter ausgesetzt werden darf man nicht unterschätzen. Viele Mitarbeiter werden auch zu Überstunden genötigt man ist heute schnell austauschbar.

Um das Ganze richtigzustellen, unsere Umgebung kann zu einem erheblichen Anteil uns beeinflussen. Auch nimmt sie selten Rücksicht auf unsere Gesundheit. Also kommt es darauf an wo man lebt und mit wem man Kontakt hat. Obendrein gibt es einige Faktoren, die hier zu berücksichtigen sind.

„Was ist nun Morbus Crohn?"
Diese Frage dürften sich jetzt einige von euch stellen! Antwort: Eine chronisch entzündliche Darmerkrankung sie wird außerdem zu den Autoimmunerkrankungen gezählt. Wobei das fehlgeleitete Immunsystem sein körpereigenes Gewebe angreift in diesem Fall die Darmschleimhaut.

Morbus Crohn ist: Eine chronische Entzündung aller Schichten der Darmwand. Wieso oder wie genau es zu dieser Entzündung kommt ist noch nicht geklärt. Die Darmbarriere und die Darmflora sowie die Veranlagung spielen eine erhebliche Rolle.

An dieser Stelle sei noch einmal ausdrücklich erwähnt, dass Morbus Crohn nicht heilbar ist. Der gesamte Verdauungstrakt von der Mundhöhle bis zum After kann entzündet sein. Eine Entzündung der Darmwand kann schwere Komplikationen hervorrufen: Verengung des Darms bis hin zum Darmverschluss. Eiter gefüllte Hohlräume im Gewebe (Abszesse) Verbindungsgänge zwischen den Darmschlingen den Darm und der Bauchdecke oder anderen Organen wie der Harnblase (Fisteln).

Ferner kann es dabei auch zu einer sogenannten (Perforation) kommen. Entzündungsbestrahlung durch Löcher in der Darmwand, durch die Stuhl in den Bauchraum gelangen kann. Das kann eine erhebliche Infektion hervorrufen.

Durch anhaltenden Nährstoffmangel steigt auch die Gefahr von Osteoporose (Knochenschwund). Eine langfristig schwere Entzündung des Darms vor allem des Dickdarms erhöht, um einiges das Risiko an Darmkrebs zu erkranken.

Diese Erkrankung verläuft in Schüben das bedeutet: Betroffene nicht ständig unter den Beschwerden leiden müssen es gibt dann auch Phasen, die beschwerdefrei sind. Darüber hinaus kann es während des Krankheitsverlaufs zur Bildung von Engstellen und Geschwüren kommen. Begrifflichkeiten hierfür lauten: Stenosen und Verbindungsgängen Fisteln.

„Wann kommt es zum Ausbruch von Morbus Crohn?"
Bei gewissen Risikofaktoren und Disposition. Hierzu
wird z. B. das Rauchen und der psychosoziale Stress
gezählt. Wer schon Morbus Crohn hat bei dem besteht
immer die Gefahr der Disposition.

Wer bereits Morbus Crohn hat bei dem besteht immer
auch die Gefahr dem Auftreten erneuter
Entzündungen und die damit einhergehende
Verschlechterung des Allgemeinzustandes.

„Welche Ursachen sind bis jetzt bekannt?
Die Genetische Veranlagung, das Rauchen,
Umweltfaktoren (leben in der Stadt), falsche
Ernährung, zu viel raffinierten Kohlenhydraten und
gehärteten Fetten.

Bei den Betroffenen kippt das Gleichgewicht, zwischen
schützenden und schädlichen Darmbakterien. Dadurch
entsteht eine sogenannte Dubiose hierbei siedeln sich
aggressive Keime in der Darmschleimhaut ein. Die
intestinale Barriere bricht danach zusammen. Das
Immunsystem, welches ja angeboren ist, reagiert
aufgrund genetischer Defekte nicht so wie es eigentlich
reagieren sollte.
„Welche Symptome können nun auftreten?"

Bauchschmerzen, Bauchkrämpfe, dünnflüssiger Stuhl, Nährstoffmangel und Untergewicht. Symptome außerhalb des Darms: Entzündung von Regenbogenhaut, Mundschleimhaut, Knie, Gelenkschmerzen, Gelenkentzündungen (Arthritis), und schmerzhafte rötliche Hautveränderungen an den Unterschenkeln, Erythems numinos (Knotenrose).

Symptome die nichts mit dem Darm zu tun haben: Appetitlosigkeit, Übelkeit, Erbrechen, Krämpfe, Müdigkeit, Fieber, Fieberschübe, Schlapphüte und Abgeschlagenheit.

Diagnose Morbus Crohn: Hierfür bedarf es einer oder mehrerer Untersuchungen: Eine ausführliche Anamnese (Krankheitsgeschichte) auch, die Familienanamnese umfassend.

Eine Untersuchung durch einen Arzt folgt, hierbei untersucht der behandelnde Arzt den Unterbauch auf Druckschmerz. Die Mundhöhle und der After werden ebenfalls auf Krankheitszeichen wie Fisteln untersucht.

Die wichtigste Methode zur Diagnose von Morbus Crohn ist die Darmspieglung (Koloskopie). Die Darmspiegelung: Wird meistens unter einer Narkose durchgeführt, hierbei wird ein biegsames Instrument mit Kamera (Endoskop) in den Darm geführt um, die Schleimhaut zu betrachten. Es können gleichzeitig auch Gewebeproben entnommen werden, die anschließend im Labor untersucht werden.

Die Magenspiegelung: Hierbei wird ein schlankes Endoskop in die Mundhöhle eingeführt um den Magen und den Zwölffingerdarm einsehen zu können.

Der Ultraschall: Eine Crohn Therapie wird immer durch eine regelmäßige Ultraschall-Untersuchung (Sonografie) überprüft.

Bildgebende Verfahren: Die Kernspintomografie (MIT) und Computertomografie (ACT). Diese Untersuchungen können Veränderungen in Teilen des Darms sichtbar machen.

Die Blutanalyse: Hierbei wird auf das Protein (Crepes) getestet. Sollte dieser Wert erhöht sein weist es auf eine Entzündung hin. Ein komplettes Blutbild wird angefertigt Eisenhaushalt und Entzündungswerte dabei überprüft. Behandlung bei Morbus Crohn: Eine Therapie ist möglich, aber eine vollständige Heilung nicht. Die Behandlung ermöglicht den Betroffenen

Zeiträume in denen sie trotz des Crohn ohne Durchfälle und Schmerzen sind.

Mit einer konsequenten Therapie können die Beschwerden so weit gelindert werden, dass ein normales Leben möglich ist.

„Welche Ziele verfolgt diese Therapie?"

Die Symptome zu lindern und der Darmschleimhaut die Möglichkeit zu geben zu halten und sich zu erholen. Den beschwerdefreien Zeitraum möglichst lange aufrechtzuerhalten und Komplikationen zu vermeiden. Es kommt bei dieser Therapie schon darauf an, wie schwer der Krankheitsverlauf ist.

Leichte oder mittelschwere Fälle werden in der Regel ambulant behandelt. Bei schweren Fällen, ist aber meistens ein Krankenhausaufenthalt nicht zu vermeiden. Diese Behandlung basiert auf einer individuellen Kombination aus Medikamenten, operativen Eingriffen und weiteren Maßnahmen, wie einer Ernährungsumstellung.

Bei vielen Patienten der Crohn Therapie, gehören die Operationen einfach dazu. Wenn Komplikationen wie z. B. Eine Verengung oder gar ein Darmverschluss auftreten, werden Operationen notwendig.

Bei der sogenannten ‚Schubtherapie,' wird nach der Schwere des Schubes eingeteilt, welche Behandlung erforderlichwird. Einteilung in geringe Aktivität: Eine Therapie mit Kortikosteroid (Kortison) Besonders angewendet. Mäßige Aktivität: Eine Therapie mit Budesonid und Antibiotika.

Hoher Aktivität: Eine Therapie mit Kortisonpräparate, Azathioprin und Antikörper (TNF- Antikörper).

Da man noch immer nicht alle Ursachen von Morbus Crohn kennt, werden die Medikamente dazu eingesetzt, um die Entzündungen zu dämpfen und die Beschwerden zu lindern. Mit einigen Medikamenten lässt sich auch ein Rückfall (Rezidiv) über einen längeren Zeitraum sogar verhindern.

Der Umgang und die Vor und Nachteile eines Ileostoma, sowie die Schwierigkeiten die sich daraus ergeben, folgen im Anschluss. Außerdem noch enthalten, die Auslöser der Krankheit et cetera.

Kapitel 9.

„Was ist ein Stoma oder (Ileostoma)?", fragt ihr euch bestimmt: Nun das ist gar nicht so einfach zu erklären. Ich versuche es mal so: Der Begriff ‚Stoma' kommt aus dem Griechischen und bedeutet ‚Mund oder Öffnung.'

Als Stoma oder (Ileostoma) bezeichnet man eine operativ angelegte Öffnung in der Bauchdecke durch, die ein kleines Stück des Dünndarms (Ileum), oder Harnleiter nach außen auf die Hautoberfläche geführt wird. Der Stuhl oder Urin wird anstatt über den After oder Harnleiter, über diese künstlich geschaffene Öffnung aus dem Körper ausgeschieden.

Es gibt mehrere Stomaarten, die häufigste Art ist das Colostoma (Stoma des Dickdarms).
Es gibt noch zwei weitere Stomaarten: Das Ileostoma (Dünndarm-Stoma) und das Urostoma (Stoma zur Harnableitung). Weitere Namen für Stoma sind: ‚Künstlicher Ausgang,' ‚Seitenausgang,' oder ‚Anus praeter.' Das Stoma selbst gleicht vom

Aussehen der Mundschleimhaut. Es hat eine runde oder ovale Form und kann unterschiedlich groß sein. Da die Schleimhaut des Stoma keine Nervenenden besitzt, ist die Berührung des Stoma auch nicht schmerzhaft. Sie blutet bei Berührung leicht, was aber völlig unbedenklich ist.

„Wie würde ich die typische Darstellung der Position eines Ileostomas beschreiben?"

Die Haut um das Stoma herum muss vor dem direkten Kontakt mit den Ausscheidungen des Ileostoma, geschützt werden. Die Ausscheidungen sind reich an Verdauungsenzymen und damit sehr aggressiv. Sie können daher die Haut sehr reizen.

Im optimalen Fall steht der Ileostoma deshalb ca 1,5-3 cm von der Bauchdecke ab. Eine gut funktionierende Stomaanlage verhindert, dass Stuhl unter die Basisplatte bzw. der Haftfläche der Stomaversorgung gedrückt wird. Diese aggressiven Ausscheidungen des Ileostomas können in den Beutel fließen.

Solltest du dich jetzt gerade fragen, ob die Häufigkeit der Ausscheidungen gesteuert werden kann, muss ich das so beantworten: Bei einem Ileostoma kann die Häufigkeit der Ausscheidungen über die Ernährung, kaum gesteuert werden. Ein Ileostoma produziert zu jeder Zeit und sehr unregelmäßig Ausscheidungen. Eventuell die Konsistenz der Ausscheidungen ließe sich zum Teil beeinflussen.

„Wie könnt ihr jetzt einen festeren Stuhl bekommen?"
Nun indem ihr als Betroffener, stopfende Lebensmittel in eurem Speiseplan aufnehmt. Zum Beispiel: Bananen oder Kartoffeln regelmäßig zu euch nehmen. Denkt bitte immer daran, je flüssiger die Ausscheidungen sind, desto häufiger muss danach der Beutel der Stomaversorgung geleert werden. Durch eine Stomaanlage geht leider die Kontinenz verloren.

„Was ist die Kontinenz?"
Die Kontinenz ist die Fähigkeit Stuhl und Urin zu kontrollieren und selbst zu steuern, wenn wir zur Toilette gehen. Es wurden einige spezielle Versorgungungssysteme entwickelt, um genau diese Nachteile auszugleichen.

Bestandteile sind: Ein Hautschutz und einen Beutel. Der Hautschutz verhindert, dass das Stoma von Stuhl oder Urin angegriffen wird. Erreicht wird das dadurch, dass die Ausscheidungen geruchsdicht in einem Beutel aufgefangen, und gesammelt werden. Bis der Inhalt des Beutels in einer Toilette entsorgt wird.

„Wer bekommt ein Stoma?"
Es sind oft relativ junge Menschen, die Stomaträger sind. Betroffen sind oft Patienten mit einer chronisch entzündlichen Darmerkrankung (CED), Colitis Ulcerosa und Morbus Crohn.

Bei den von mir genannten Erkrankungen kann es durchaus notwendig werden, einen entzündeten Darmabschnitt für einige Zeit auszuschalten, damit dieser Darmabschnitt sich von der Entzündung erholen kann.

Die Familiäre Adenomatäse-Polyposis (vererbbarer Darmkrebs), führt häufig zu einem endständigen Ileostoma.
Zur Vermeidung eines bösartigen Verlaufs kommt es bereits bei recht jungen Menschen, zu einer vollständigen Entfernung des Dickdarms.

Weitere Ursachen für ein temporäres oder endständiges Ileost sind: Unfälle, Dickdarmkrebs und angeborene Fehlbildungen.

„Warum ein Stoma?"
Ein Stoma stellt ein extremer Einschnitt im Leben eines jeden Betroffenen dar. Durch das Stoma verändert sich

das eigene Körperbild, man geht nicht mehr normal zur Toilette, und die Kontrolle über die eigenen Ausscheidungen geht teilweise verloren.

Wenn eine lebensbedrohliche Situation es erforderlich macht, legen Chirurgen ein Stoma an. Ein Beispiel hierfür könnte sein: Die Entfernung eines Darmkrebs-Tumors der so ungünstig liegt, dass auch der After und der Schließmuskel mit entfernt werden muss.

Der Chirurg wäre sofort gezwungen den Darm an einer anderen Stelle anzuleiten. Und legt ein endständiges Stoma an.

„Was beutet nun Endständig?"
Es bedeutet: Dass das Stoma bleibt und es nicht wieder entfernt werden kann. Es gibt Patienten die z. B. Morbus Crohn oder Colitis Ulcerosa haben. Diese Krankheiten äußern sich vor allem in heftigen und blutigen Durchfällen.

Bei einem großen Teil der Patienten lassen sich die Krankheitssymptome nicht oder nicht ausreichend mit Medikamenten behandeln. Die Folge daraus ist: Sie sind in ihrem Alltag und in ihrem Beruf schließlich sehr stark eingeschränkt. Hier kann doch ein Stoma für eine große Entlastung sorgen, dass sich nicht mehr jeder Gedanke darum dreht, wo sich die nächste Toilette befindet.

Die Lebensqualität wird durch ein Stoma zeitweise oder dauerhaft verbessert.

Fazit

Wenn, du jetzt zu den Menschen gehörst, die eine Diagnose Morbus Crohn erhalten haben, gib bitte niemals auf. Und ja, diese Diagnose ist erst einmal ein Schock. Meine Person weißt genau, wie du dich jetzt fühlst, denn sie teilt das gleiche Schicksal mit dir.

Außerdem ist ihr sehr wohl bekannt, dass über eine Krankheit gesprochen wird, die noch nicht heilbar ist. Trotz allem müssen wir versuchen mit dieser Erkrankung irgendwie, zurechtzukommen. Auch kann man mit Morbus Crohn sehr alt werden, wenn man sich an gewisse Spielregeln hält.

Solltest du aber zu den Menschen gehören, die sich fürs nicht aufgeben entschieden haben, dann solltest du jetzt kämpfen. Es wird ein ewiger Kampf sein und dabei ist das Ende noch völlig offen. Gleichzeitig wird es schöne und weniger schöne Tage geben, mal Fortschritte und mal Rückschritte. Dabei lerne von anderen und nehme jede Hilfe an, die dir angeboten wird.

Alleine wirst du mit an Sicherheit grenzender Wahrscheinlichkeit, scheitern.

Meine Person kämpft bereits seit mehr als 17 Jahren und nahm dabei eine Menge Hilfe in Anspruch. Auch erlebte sie einige Höhen und Tiefen. Die Erkenntnis daraus ist: Der Crohn schläft, aber er kann jeder Zeit wieder wach (aktiv) werden. Nach einer schweren Zeit folgt immer eine Gute Zeit. Zudem könnte das Leben viel einfacher sein ist es aber nicht.

Geht offen mit eurer Erkrankung um, verstellt und versteckt euch nicht. Diesen Stress würde sich meine eigene Person von Anfang an ersparen. Denkt bitte daran, um so besser es eurem Körper geht, um so besser wird es auch euch gehen. Deshalb achtet besser auf euch selbst und auf euren Körper.

Aufgeben war nie eine Option für meine eigene Person! Obwohl, sie sich oft mit diesem Thema auseinandergesetzt hat. Am Ende konnte oder wollte sie einfach nicht aufgeben. Zur selben Zeit kam ihr das nicht richtig vor und überdies war es zu einfach! Obwohl es um einiges leichter ist aufzugeben, als weiterzumachen. Unsereiner sagt dazu: Wir kämpfen weiter, weil wir es können und es unserer Familie schuldig sind. Wir hoffen sehr, dass ihr es uns nachmacht.

Nicht aufzugeben und weiterzukämpfen bis es irgendwann in der Zukunft nicht mehr geht.

Aufgeben war und ist keine Option!

Das Ende!

Danksagung

Obwohl, das Schreiben eines Buches häufig ein einsames Unterfangen darstellt, kommt dennoch kein Autor ohne Hilfe aus. Jedes Mal wenn, eines meiner Bücher erscheint stehe ich als Autor im Vordergrund. Das ist nicht besonders fair weil, es immer vieler Menschen bedarf, die eine solche Publikation überhaupt erst ermöglichen.

Das war natürlich auch bei mir der Fall. Und all die lieben Menschen, die mir während des Schreibens eine Hilfe gewesen sind, sollen hier nun eine besondere Erwähnung finden.

Zuerst richtet sich mein Dank an mein Verlag BoD (Books on Demand). Dass überhaupt jemand bereit war zu veröffentlichen, dass von mir kreiert wurde, ist schon fast ein kleines Wunder. Dafür vielen Dank und auch für, das offene Ohr und die motivierenden Worte, wenn ich mal wieder vor einem leeren Blatt saß und nicht weiter wusste. Danke für die Mühe und die

Geduld, mein sehr geschätzter Verlag (BoD).

Selbstverständlich geht mein Dank auch an meine Familie, meinen Eltern, meinem Bruder und meinen drei Schwestern. Die mir immer die Kraft und die Zeit gegeben haben, mich meinem Buchprojekt zu widmen. Ohne euch würde meine Person, das niemals geschafft haben können.

Keinen geringen Anteil an der Fertigstellung haben auch Wolfgang (S), Roman (W), Marzena (W). Immer wenn meine eigene Person kurz davor war alles hinzuwerfen habt, ihr sie wieder aufgebaut und zum Weitermachen ermutigt.

Einen großen Dank auch an meine Leser und den zukünftigen Lesern, ihr seid mit ein Grund dafür, warum ich schreibe.

Vielen Dank an alle auch an die, die namentlich nicht erwähnt wurden.
Ich weiß das sehr zu schätzen. Dankeschön.

Literaturverzeichnis

Eigene Biografie

Das Internet

Impressum

J.R Lucas Wolf

luquetejero@hotmail.com

Herstellung und Verlag: BoD
Books on Demand, Norderstedt

Paperback ISBN: 978-3-7494-8530-7

Printed: In Germany